OUVINDO DEUS NA TORMENTA

MAX LUCADO

OUVINDO DEUS NA TORMENTA

CPAD

Título do original em inglês: *A Gentle Thunder*
Word Publishing, Dallas, Texas, USA
Primeira edição em inglês: 1995
Tradução: Lucy Yamakami

Capa: Flamir Ambrósio
Projeto gráfico e editoração: Olga Rocha dos Santos

CDD: 240 – Teologia Devocional
ISBN: 85–263–0098–09

As citações bíblicas foram extraídas da versão Almeida Revista e Corrigida, Edição de 1995, da Sociedade Bíblica do Brasil, salvo indicação em contrário.

Casa Publicadora das Assembléias de Deus
Caixa Postal 331
20001-970, Rio de Janeiro, RJ, Brasil

16ª edição/2007

Em honra do passado,
na esperança do futuro,
dedico este livro a
Kip Jordon e Byron Williamson
da Word Publishing.

ÍNDICE

NOSSA ESCOLHA

AGRADECIMENTOS

Um livro devia ser um jardim na palma da mão. Palavras-pétalas de cor. Caules de força. Raízes de verdade. Virar uma página, mudar de estação. Ler a frase e deleitar-se com as rosas.

Mas jardinagem nunca é fácil, especialmente a de palavras. As ervas daninhas germinam e as idéias murcham. Alguns parágrafos precisam de água; outros, de podas. Há horas em que você fica pensando se é mesmo possível desbastar essa selva. Sou profundamente grato a alguns amigos que arregaçaram as mangas, puseram as mãos na terra e dividiram o meu trabalho.

Karen Hill: minha assistente e amiga querida. Leal, criativa e sempre disposta a ajudar. Você não tem preço.

Liz Heaney: meu editor de longa data. Eu estremeço quando você desbasta, mas nenhuma poda é mais certeira.

Steve Halliday: outro grande trabalho no guia para discussões.

O corpo de obreiros e os membros da Igreja de Oak Hills: Que campo maravilhoso de fé!

Ao Young Messiah Tour, turma de 94: Muito obrigado por ouvir essas palavras antes de serem desbastadas.

Word Publishing: Nenhuma equipe trabalha melhor!

Lynn Anderson: Minha primeira aquisição depois de sair da faculdade foi uma coletânea de sermões seus no Evangelho de João. Porque você amava João naquele tempo, eu hoje amo João.

Steve e Cheryl Green: Por fazerem de tudo para que eu pudesse fazer isto.

Lindsey Hill, Lois Jeane Davis, Jeanette Rudd, Becky Bryant, Tina Chisholm e Francis Rose, a equipe do ministério radiofônico UpWords: anjos disfarçados.

Sue Ann Jones: Que olhos aguçados e que pena habilidosa!

Jenna, Andrea e Sara: Que estejam sempre enraizadas no solo do amor que só Ele tem.

E por Denalyn, minha esposa: Por deixar o capim tão verde do lado de cá da cerca, que o outro lado parece seco.

E, por fim, por você, meu leitor: De tantos jardins que podia visitar, você escolheu este. Fico honrado. Espero que sua estada seja agradável. Que as coisas familiares lhe pareçam novas e as coisas novas, familiares.

Fique o tempo que quiser. Se encontrar uma rosa que valha a pena, sinta-se à vontade para colhê-la. Se encontrar algo que mereça ser compartilhado, por favor, compartilhe.

E, quem sabe? Adão ouviu Deus falar num jardim; talvez o mesmo lhe aconteça.

Clamaste na angústia, e te livrei;
respondi-te do lugar oculto dos trovões.

SALMO 81.7

SUA VOZ, NOSSA ESCOLHA

O bom piloto faz de tudo para levar os passageiros para casa. Vi um bom exemplo disso quando voava sobre o Missouri. A comissária de bordo nos disse para ficarmos sentados por causa de uma iminente turbulência. Era um vôo barulhento e o pessoal não obedeceu logo, de modo que ela voltou a nos avisar: "O vôo vai ficar turbulento. Para sua própria segurança, tomem seus lugares".

A maioria obedeceu. Mas alguns não. Então ela mudou de tom: "Senhoras e senhores, para seu próprio bem, tomem seus lugares".

Pensei que todos estavam sentados. Mas, ao que parece, eu estava errado, pois a próxima voz que ouvimos foi a do piloto. "Este é o Capitão Brown", avisou ele. "Há pessoas que se machucam indo ao sanitário em vez de ficarem em seus lugares. Vamos deixar bem claras as nossas responsabilidades. Meu trabalho é passar pela tempestade. O dos senhores é fazer o que eu mando. Agora sentem-se e apertem os cintos!"

Naquele momento abriu-se a porta do banheiro, um sujeito de rosto vermelho e sorriso amarelo saiu de lá e sentou-se na poltrona.

Será que o piloto errou? O piloto foi insensível ou insensato? Não, pelo contrário. Ele preferiu ver o homem seguro e envergonhado a vê-lo desinformado e ferido.

Bons pilotos fazem de tudo para levar os passageiros para casa.

É o que Deus faz. Eis uma pergunta crucial. Até onde você quer que Deus chegue só para captar sua atenção? Se Deus precisar escolher entre sua segurança eterna e seu conforto terreno, o que você espera que ele escolha? Não responda muito depressa. Pense um pouco.

Se Deus o visse em pé quando devia estar sentado, se Deus o visse em perigo e não em segurança, até onde você gostaria que Deus chegasse só para captar sua atenção?

E se Deus o mudasse para outra terra? (Como fez com Abraão.) E se Ele cancelasse sua aposentadoria? (Lembra-se de Moisés?) Que tal a voz de um anjo ou o ventre de um peixe? (À la Gideão e Jonas.) Que tal uma promoção (como a de Daniel) ou um rebaixamento (como o de Sansão)?

Deus faz de tudo para captar sua atenção. Não é essa a mensagem da Bíblia? Não é essa *a* mensagem da Bíblia? A incansável perseguição de Deus. Deus caçando. Deus buscando. Deus se enfiando embaixo da cama à cata de crianças escondidas, Deus vasculhando as moitas atrás de ovelhas perdidas. Buscando, dominando, puxando-nos de volta para Ele, vezes e vezes sem conta. Fazendo um cone com as mãos em torno da boca para gritar precipício adentro. Lutando contra nós, Jacós, nos Jaboques lamacentos da vida.

Apesar de todas as suas peculiaridades e singularidades, a Bíblia possui uma história simples. Deus fez o homem. O homem rejeitou a Deus. Deus não vai desistir até reconquistá-lo.

De Moisés em Moabe a João em Patmos, ouve-se a voz: "Eu sou o piloto. Vocês são os passageiros. Meu trabalho é levá-los para casa. O de vocês é fazer o que eu mando".

Deus é tão criativo quanto incansável. A mesma mão que enviou o maná para Israel levou Uzá à morte. A mesma mão que libertou os filhos de Israel levou-os cativos à Babilônia. Gentil e também firme. Terno e inflexível. Confiantemente firme. Pacientemente apressado. Ansiosamente tolerante. Gritando mansamente. Trovejando suavemente.

Um suave trovão.

É assim que João viu Jesus. O Evangelho de João possui dois temas: a voz de Deus e a escolha do homem. E, já que este livro é baseado em João, você vai ver o mesmo par: sua voz, nossa escolha.

Jesus disse: "Eu sou o pão da vida. Eu sou a luz do mundo. Eu sou a ressurreição e a vida. Eu sou a luz do mundo. Eu sou a porta. Eu sou o caminho, e a verdade, e a vida. Virei outra vez e vos levarei para mim mesmo".

Jesus proclamando — até oferecendo, mas nunca forçando:

> Postado ao lado do paralítico: "Queres ficar são?" (Jo 5.6).
>
> Olho no olho com o cego, agora curado: "Crês tu no Filho de Deus?" (Jo 9.35).
>
> Junto ao túmulo de Lázaro, provando o coração de Maria: "Todo aquele que vive, e crê em mim, nunca morrerá. Crês tu isto?" (Jo 11.26).
>
> Testando os motivos de Pilatos: "Tu dizes isso de ti mesmo, ou disseram-to outros de mim?" (Jo 18.34).

Na primeira vez que João escuta Jesus falar, ouve uma pergunta: "Que buscais?" (Jo 1.38). Entre as últimas palavras de Jesus há ainda outra: "Amas-me?" (Jo 21.17).

É desse Jesus que João se lembra. As perguntas honestas. As exigências trovejantes. O toque suave. Nunca chega sem ser convidado, mas, uma vez convidado, nunca pára antes de terminar, antes que se faça uma escolha.

Deus vai sussurrar. Ele vai gritar. Ele vai tocar e puxar. Ele vai tomar nossas cargas; vai, até, tomar nossas bênçãos. Se houver mil degraus entre Ele e nós, Ele vai tirar todos, exceto um. Vai deixar o último para nós. A escolha é nossa.

Por favor, entenda. O alvo dEle não é deixar você feliz. O alvo dEle é fazer com que você seja dEle. O alvo dEle não é fazer você conseguir o que quer; é levá-lo para onde deve ir. E se isso significa um ou dois trancos para colocá-lo em seu lugar, que venham os trancos. Os desconfortos terrenos são uma bagatela se o troco é a paz celestial. Jesus disse: "No mundo tereis aflições, mas tende bom ânimo, eu venci o mundo" (Jo 16.33).

Como Jesus conseguia falar com tanta autoridade? Que lhe dava o direito de assumir o comando? Simples. Jesus, assim como o piloto, sabe de coisas que não sabemos e consegue ver o que não conseguimos.

Que sabia o piloto? Sabia pilotar um avião.

Que via o piloto? Nuvens tempestuosas à frente.

Que sabe Deus? Ele sabe pilotar a história.

Que vê Deus? Acho que você entendeu a mensagem.

Deus quer que você volte para casa seguro.

Simplesmente pense que Ele é o piloto. Pense que você é o passageiro. Veja este livro como um plano de viagem — e pense duas vezes antes de se levantar para ir ao banheiro.

SUA VOZ

Era uma vez um homem que ousou falar com Deus.

Deus, queima a sarça como queimaste para Moisés.
E obedecerei.

Deus, derruba os muros como derrubaste para Josué.
E eu lutarei.

Acalma as ondas como fizeste na Galiléia,
E eu ouvirei.

Então o homem sentou-se perto da sarça, ao lado do muro, junto ao mar e esperou Deus falar.

E Deus ouviu o homem, portanto respondeu.

Deus enviou fogo, não para a sarça, mas para a igreja.
Deus derrubou um muro, não de tijolos, mas de pecados.
Deus acalmou uma tempestade, não no mar, mas na alma.

E Deus esperou a resposta do homem.

E esperou...
E esperou...
E esperou.

Mas o homem via sarças, não corações; via tijolos e não vidas, via mares e não almas, então entendeu que Deus nada fizera.

Por fim, olhou para Deus, e perguntou: Perdeste o poder?

E Deus olhou para ele e disse: Perdeste a audição?

No princípio era o Verbo...
E o Verbo se fez carne, e habitou entre nós.

João 1.1,14

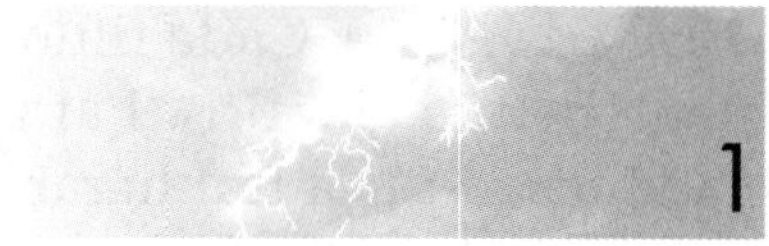

1

O AUTOR DA VIDA

O Deus que Sonhou

Sentado junto à grande escrivaninha, o Autor abre o grande livro. Não há palavras. Não há palavras porque não existe nenhuma palavra. Não existe nenhuma palavra porque nenhuma palavra é necessária. Não há ouvidos para ouvi-las, não há olhos para lê-las. O Autor está só.

E então Ele toma a grande pena e começa a escrever. Assim como um pintor junta suas cores, e um escultor, suas ferramentas, o Autor reúne suas palavras.

São três. Três únicas palavras. Dessas três fluirão milhões de pensamentos. Mas essas três palavras sustentarão toda a história.

Ele toma a pena e traça a primeira. *T-e-m-p-o.*

O tempo não existiu até que Ele escrevesse. Ele, em si, é atemporal, mas sua história ficaria fechada no tempo. A história teria o primeiro nascer do sol, o primeiro movimento da areia. Um começo... e um fim. Um capítulo final. Ele o conhece antes de escrevê-lo.

Tempo. Um passo na trilha da eternidade.

Devagar, com ternura, o Autor escreve a segunda palavra. Um nome. *A-d-ã-o.*

Enquanto escreve, vê o primeiro Adão. Depois vê todos os outros. Em milhares de eras, em milhares de terras, o Autor os vê. Cada Adão. Cada filho. Instantaneamente amados. Permanentemente amados. Para cada um, designa um tempo. Para cada um, indica um lugar. Nenhum acidente. Nenhuma coincidência. Apenas desígnio.

O Autor faz uma promessa a esses não-nascidos: *À minha imagem, fá-los-ei. Vocês serão como eu. Vão rir. Vão criar. Não morrerão, nunca. E ainda escreverão.*

Cada vida é um livro, não para ser lido, mas, antes, uma história que deve ser escrita. O Autor inicia a história de cada vida, mas cada vida escreverá seu final.

Que liberdade perigosa. Seria muito mais seguro terminar a história de cada Adão. Registrar cada escolha. Seria mais simples. Seria mais seguro. Mas não seria amor. Amor só é amor quando há opção.

Assim, o Autor decide dar uma pena para cada filho. "Escrevam com cuidado", sussurra.

Carinhosamente, deliberadamente, escreve a terceira palavra, sentindo já a dor. *E-m-a-n-u-e-l.*

A maior mente do Universo imaginou o tempo. O mais capaz dos juízes garantiu uma escolha a Adão. Mas foi o amor quem concedeu o Emanuel, o Deus conosco.

O Autor entraria em sua própria história.

A Palavra tornar-se-ia carne. Ele também nasceria. Ele também seria humano. Ele também teria mãos e pés. Ele também teria lágrimas e provações.

E, o mais importante, Ele também teria uma escolha. Emanuel postar-se-ia nas encruzilhadas da vida e da morte, e escolheria.

O Autor conhece bem o peso dessa decisão. Faz uma pausa ao escrever a página de seu próprio sofrimento. Podia parar. Mesmo o Autor tem escolha. Mas como não criar, sendo Criador? Como não escrever, sendo Escritor? Como não amar, sendo Amor? Assim escolhe a vida, embora signifique morte, na esperança de que seus filhos façam o mesmo.

E desse modo o Autor da Vida completa a história. Ele encrava a lança na carne, e rola a pedra sobre o túmulo. Conhecendo a escolha que fará, conhecendo a escolha que todos os Adões farão, escreve, "Fim", então fecha o livro e proclama o início.

"Haja luz!"

Eu vi o Espírito descer do céu como uma pomba, e repousar sobre ele. E eu não o conhecia, mas o que me mandou a batizar com água, esse me disse: Sobre aquele que vires descer o Espírito, e sobre ele repousar, esse é o que batiza com o Espírito Santo. Eu vi, e tenho testificado que este é o Filho de Deus.

JOÃO 1.32-34

2

O CÃO DE CAÇA DO CÉU

O Deus que Persegue

João Batista viu uma pomba e creu. James Whittaker viu uma gaivota e creu. Quem pode dizer que a pessoa que enviou a primeira não enviou também a segunda?

James Whittaker era membro da tripulação seleta da Fortaleza-Voadora B-17 capitaneada por Eddie Rickenbacker. Qualquer pessoa que se lembre de outubro de 1942, lembra do dia em que Rickenbacker e sua companhia foram dados como perdidos no mar.

Em algum ponto do Pacífico, fora do alcance do rádio, o avião ficou sem combustível, caiu no oceano. Os nove homens passaram um mês boiando em três balsas. Lutaram contra o calor, as tempestades e as águas. Tubarões de até três metros rondavam os barcos de dois metros e meio. Em apenas oito dias as rações já haviam sido consumidas ou destruídas pela água salgada. Para sobreviver, somente um milagre.

Certa manhã, terminada a meditação diária, Rickenbacker jogou a cabeça para trás, apoiando-a na balsa, e puxou o quepe para cima dos olhos. Um pássaro pousou em sua cabeça. O capitão espiou por baixo do quepe. Todos os olhos estavam voltados para ele. Percebeu, instintivamente, que era uma gaivota.

Rickenbacker pegou a ave e a companhia comeu. Os intestinos da gaivota foram usados como isca para pescar... e o grupo sobreviveu para contar a história. A história de uma turma sem recursos, sem nenhuma esperança nem salvamento à vista. Uma história de orações feitas e orações respondidas. Uma história de um visitante de uma terra desconhecida fazendo uma longa viagem para dar a vida em sacrifício.

Uma história de salvação.

Uma história muito parecida com a nossa. Não estávamos perdidos como a tripulação? Não estávamos orando como a tripulação? E não fomos, como a tripulação, resgatados por um visitante que nunca havíamos visto, por meio de um sacrifício que jamais esqueceremos?

Talvez a história de Rickenbacker lhe seja conhecida. Talvez a tenha ouvido da minha boca. Talvez a tenha lido em um de meus livros. Foi o que fez Coreen Schweenk. Ela era noiva do único membro da tripulação que não sobreviveu, o jovem sargento Alex Kacymarcyck. Em uma reunião da tripulação, em 1985, a Sra. Schweenk soube que a viúva de James Whittaker vivia a apenas cento e vinte quilômetros de sua casa. As duas se encontraram e compartilharam suas histórias.

Depois de ler esta história em meu livro *In the Eye of the Storm*, a Sra. Schweenk sentiu-se compelida a me escrever. O verdadeiro milagre, contou-me, não fora uma ave na cabeça de Eddie Rickenbacker, mas uma mudança no coração de James Whittaker. O maior acontecimento daquele dia não foi o resgate de uma tripulação, mas o resgate de uma alma.

James Whittaker era incrédulo. A queda do avião não mudou sua convicção. Os dias à beira da morte não lhe fizeram reconsiderar seu destino. Aliás, a Sra. Whittaker disse que ele estava ficando irritado com John Bartak, membro do grupo, que não parava de ler a Bíblia, em silêncio ou em voz alta.

Mas seus protestos de nada adiantaram: Bartak continuava a ler a Palavra de Deus. E sua resistência não impediu que a Palavra lhe penetrasse na alma. Sem que ele o soubesse, seu coração estava sendo arado; pois foi numa manhã, após a leitura da Bíblia, que a gaivota pousou na cabeça do capitão Rickenbacker.

E naquele momento Jim passou a crer.

Dei um sorriso quando li a carta. Não da carta. Creio em cada uma de suas palavras. Não de James Whittaker. Tenho todos os motivos para crer que sua conversão fora real. Mas tinha de rir... desculpem-me. Estava rindo de Deus.

Não foi bem do jeito dele? Quem chegaria a tais extremos para salvar uma alma? Tanto esforço para captar a atenção de uma pessoa. O restante do mundo está às voltas com a Alemanha e com Hitler. Todas as manchetes refletem os atos de Roosevelt e Churchill. O mundo está absorto numa batalha pela liberdade... e o Pai está no Pacífico, enviando um pombo missionário para salvar uma alma. Ah, que distâncias Deus cobre para captar sua atenção e conquistar sua amizade!

Em 1893, Francis Thompson, um poeta católico romano, descreveu Deus como "O Cão de Caça do Céu":

> Fugi dEle, pelas noites e pelos dias;
> Fugi dEle, pelos arcos dos anos;
> Fugi dEle, pelas ruas em labirinto
>   Com minha própria mente;
>   e em meio a lágrimas
> Fugi dEle, e sob contínua risada,
>   Sobre esperanças imaculadas corri
> E atingido caí
> Precipitando-me em sombras colossais.[1]

Thompson fala de Jesus como "aquele amante tremendo, perseguindo-me com seu amor". Jesus segue numa "caçada sem pressa e com passadas imperturbáveis, velocidade deliberada, instância majestosa". E no final Jesus diz, lembrando-nos: "Ah, não sabes o quanto és indigno de ser amado. A quem irás encontrar que a ti ignóbil ame, exceto eu, exceto tão-somente eu? Porquanto o que de ti tomei, tomei-o, não para ofender-te mas para que tu o procurasses em meus braços".[2]

Você tem espaço para tal quadro de Deus? Consegue ver Deus como um "amante tremendo, perseguindo-nos com seu amor"? Durante a primeira semana do ministério de Jesus, Ele chama seus primeiros discípulos. Por que eles atendem? Quem lhes influencia a escolha? Observe os verbos associados a Jesus em João 1 (NVI).

Jesus voltou-se ... v. 38
Jesus perguntou ... v. 38
Jesus respondeu ... v. 39
Jesus olhou ... v. 42
Jesus decidiu ... v. 43
Jesus encontrou ... v. 43

É óbvio quem faz o trabalho. Se alguém está em Cristo é porque Cristo o chamou. Cristo pode usar um sermão. Ele pode inspirar uma conversa. Ele pode falar por meio de uma música. Mas em todo caso, Cristo é a Pessoa que chama.

Considere estes exemplos:

Certa noite, John Wesley registrou um breve relato em seu diário. Ele escreveu que havia ido de má vontade à reunião de uma sociedade na Rua Aldersgate, em Londres, onde um membro do grupo estava lendo o prefácio do *Comentário da Epístola aos Romanos* de Lutero. Você captou a mensagem? Ele foi de má vontade, um estranho para o pequeno grupo, e ouviu um trecho literário de duzentos anos. E, mesmo assim, ele escreveu: "Por volta das quinze para as nove senti meu coração estranhamente aquecido".[3]

Em sua obra clássica, *Confissões,* Agostinho fala da grande virada de sua vida. Dilacerado entre a tentação da amante e o silencioso chamado do Espírito de Deus, estava sentado num banco sob uma figueira, a Bíblia aberta, os olhos turvados de lágrimas. Ele ouviu uma voz chamando de uma casa vizinha: "Toma e lê... toma e lê..."

A voz não se dirigia a Agostinho; sem dúvida, crianças estavam gritando umas às outras, brincando. Entretanto, a voz o agitou em sua solitude, e ele fez o que a voz mandava. Pegou a Bíblia e a leu. A passagem diante dele era Romanos 13.13-14: "Andemos honestamente, como de dia: não em glutonarias, nem em bebedeiras, nem em desonestidades, nem em dissoluções, nem em contendas e inveja. Mas revesti-vos do Senhor Jesus Cristo, e não tenhais cuidado da carne em suas concupiscências".

Ele ouviu a voz de Deus, despediu a amante e seguiu a Cristo.[4]

O romancista Frederick Buechner estava com vinte e sete anos, e vivia sozinho na cidade de Nova York, tentando escrever um livro quando ele, que não freqüentava igreja, resolveu assistir a um culto. Por impulso. O pregador falou sobre coroar a Cristo em nosso coração. Jesus recusou a coroa de Satanás no deserto, mas aceita a coroa de seu povo quando o confessamos. O pregador continuou por algum tempo com palavras que, embora soassem bem, não convenciam.

Mas então o ministro disse algo que Buechner jamais esqueceria. Vou deixar que ele conte:

> E, então, com a cabeça balançando para cima e para baixo, fazendo tremer os óculos, ele, com a sua estranha voz rouca, disse que a coroação de Jesus aconteceu entre confissão e lá-

> grimas e grande gargalhada. Sim, Jesus é coroado entre confissão e lágrimas e grande gargalhada. E, naquela frase, grande gargalhada, por razões que nunca entendi de modo satisfatório, a grande muralha da China tombou e a Atlântida submergiu do mar e, na Madson Avenue, na Rua 73, lágrimas saltaram de meus olhos como se eu tivesse levado um golpe no rosto.[5]

Muito bizarro? Pense por um momento em seu mundo. Lembra-se daquela voz, daquele rosto, daquela ocasião? Não foi aquela a hora em que a sarça comum do deserto se acendeu com uma voz que o deixou gago? Para Wesley foi uma leitura; para Agostinho, a voz de uma criança; e para Buchner, um convite à gargalhada.

E para você? A mão estendida de uma mulher pedindo esmola? O nascimento de seu filho? As lágrimas de uma viúva? A explosão de um pôr-do-sol? O sermão apaixonado que comoveu a todos? O sermão sem graça que não impressionou ninguém, só a você?

Não é a circunstância que importa; é Deus na circunstância. Não são as palavras; é o Deus que as fala. Não foi a lama que curou o cego; foi o dedo de Deus na lama. O berço e a cruz eram tão comuns quanto a grama. O que os tornou santos foi a Pessoa neles colocada. A pomba e a gaivota não eram especiais. Mas a Pessoa que as enviou era.

É maravilhosa a distância que Deus percorre para captar sua atenção.

Disse-lhe Natanael: Pode vir alguma coisa boa de Nazaré? Disse-lhe Filipe: Vem e vê.

João 1.46

3

VEM E VÊ

O Deus que Veio

A primeira resposta dada à primeira dúvida é a única necessária.

Quando Natanael duvidou que alguma coisa boa pudesse vir de Nazaré, a resposta de Filipe foi simples: "Vem e vê".

A pergunta de Natanael permanece: "Pode vir alguma coisa boa de Nazaré?" Será que dois mil anos de Cristianismo mudaram este mundo? Será que a vida do jovem carpinteiro nazareno realmente merece consideração?

A pergunta ainda incomoda.

E a resposta de Filipe ainda é suficiente. Vem e vê.

Vem e vê a rocha que suportou os ventos do tempo. Ouve sua voz.

A verdade destemida,
    graça imaculada,
        lealdade desimpedida.

Vem e vê a chama que tiranos e déspotas não extinguiram.

Vem e vê a paixão que a opressão não subjugou.

Vem e vê hospitais e orfanatos levantando-se ao lado das ruínas esmigalhadas do humanismo e do ateísmo. Vem e vê o que Cristo fez.

Vem e vê o grande drama atravessando vinte séculos de história e de arte.

Handel soluçando enquanto compõe *O Messias*.

Da Vinci suspirando enquanto retrata a *Última Ceia*.

Michelangelo se afastando do Davi esculpido na rocha e ordenando à pedra que fale.

Pode vir alguma coisa boa de Nazaré? Vem e vê.

Vê Wilberforce lutando para libertar escravos na Inglaterra - porque ele cria.

Vê Washington orando em Valley Forge - porque ele cria.

Vê Lincoln sozinho com uma Bíblia cheia de orelhas - porque ele cria.

Pode vir alguma coisa boa de Nazaré? Vem e vê.

Vem e vê as vidas transformadas:

o alcoólatra agora sóbrio,

o amargurado agora alegre,

o envergonhado agora perdoado.

Vem e vê os casamentos reconstruídos, os órfãos acalentados, os prisioneiros inspirados.

Viaja para as selvas e ouve os tambores soando em louvor.

Infiltra-te nas esquinas do comunismo e encontra crentes adorando sob ameaça de morte.

Anda pelo corredor da morte e presencia o prisioneiro condenado por homens mas libertado por Deus.

Aventura-te pelos campos de concentração e calabouços do mundo e ouve as canções dos salvos recusando-se a silenciar.

Pode vir alguma coisa boa de Nazaré?

Vem e vê a mão rasgada de Deus tocando o coração mais simples, enxugando a lágrima da face enrugada e perdoando o pior dos pecados.

Vem e vê.

Vem e vê a tumba. A tumba antes ocupada, agora vaga; o túmulo antes selado, agora vazio. Incrédulos levantaram suas teorias; questionadores, suas perguntas. Mas suas divagações continuam derretendo-se à luz brilhante da manhã de Páscoa.

Vem e vê. Ele não recusa ninguém que o busque. Ele não foge de nenhum exame. Ele não teme nenhuma inspeção. Vem e vê. Natanael veio. E Natanael viu. E Natanael descobriu: "Mestre, tu és o Filho de Deus, tu és o Rei de Israel".

Era já escuro, e ainda Jesus não tinha chegado ao pé deles.

João 6.17

4

MILAGRE À MEIA-NOITE

O Deus do Timing Perfeito

Deixe-me partilhar com você os pensamentos de um jovem missionário. O que se segue são frases retiradas de seu diário durante o primeiro mês no campo missionário.

No vôo para o campo, ele escreve: "Da próxima vez que este avião pousar, serei missionário. Para sempre! Sim, finalmente. Glória a Deus".

No segundo dia ele pensa: "Continuo a lembrar-me que a saudade é temporária - vem do cansaço e das adaptações. Mas isso não a remove. Preciso lembrar-me do motivo pelo qual estou aqui. Não para minha própria alegria ou lucro, mas para o crescimento do Reino de Deus".

No dia três, ele se acha entusiasmado: "Deus, é uma grande bênção servir-te. As pessoas são tão amigas... as montanhas, tão lindas... nossos amigos, tão bondosos".

Mas no quarto dia o entusiasmo vai embora: "É difícil quando nos lembramos de nossa casa. Choramos hoje de manhã".

No quinto dia, ele não reage: "Hoje o dia não está muito claro. As nuvens encobriram as montanhas. O céu está cinzento".

No dia seis, a tempestade está chegando: "Ontem foi o dia mais difícil que já passei. As novidades se foram. Estou cansado desta língua. Passamos o dia inteiro deprimidos. Mal podíamos lembrar da família e dos amigos, que começávamos a soluçar".

No oitavo dia, as ondas se encrespam e os ventos sopram: "Este hotel que tem sido nosso lar é frio e impessoal. O teto alto, as paredes estranhas... o ambiente pouco familiar. Abracei minha esposa enquanto ela chorava, e nós dois confessamos o desgosto de pensar em passar o resto de nossa vida neste país estranho. É duro. Estamos tão longe de casa".

Pelo décimo dia, os vendavais vêm com toda a força: "Que coisa! Sei que Deus está nos dirigindo, sei que Ele tem um plano para nós, mas é duro demais. Quando vamos encontrar uma casa? Como vamos aprender essa língua? Senhor, perdoa minha atitude lamentável".

E na hora que você achava que nada poderia ser pior: "Queria poder dizer que estou entusiasmado por estar aqui. Não estou. Só me disponho a estar aqui. Esta última semana foi a mais dura de toda minha vida. Meu compromisso de ser missionário parece uma sentença de prisão".

Conheço bem a frustração por trás dessas palavras - fui eu quem as escreveu. Lembro-me da minha perturbação. Denalyn e eu não tínhamos obedecido a Deus? Ele não nos havia enviado para o Brasil? Não era este o seu plano? Não estávamos justamente fazendo o que Ele nos mandava?

Não é verdade que a paz sempre acompanha a obediência? (Por que você está sorrindo?)

Quem sabe os discípulos tivessem a mesma expectativa. Jesus lhes disse para entrarem no barco, e eles entraram. Não questionaram a ordem; simplesmente obedeceram. Podiam ter objetado. Afinal, era tarde e a escuridão chegaria em alguns minutos. Mas Jesus lhes determinou que entrassem no barco, e eles assim o fizeram.

Qual o resultado da obediência? A descrição viva de João lhe mostrará: "E, quando veio a tarde, os seus discípulos desceram para o mar. E, entrando no barco, passaram o mar em direção a Capernaum; e era já escuro, e ainda Jesus não tinha chegado ao pé deles. E o mar se levantou, porque um grande vento assoprava" (Jo 6.16-18).

Que frase desalentadora: "ainda Jesus não tinha chegado ao pé deles". Fisgados na tempestade do "ainda". Haviam feito exatamente o que Jesus ordenara, e veja o que aconteceu! Uma noite com o mar tempestuoso, e o Mestre em algum lugar, na praia.

Uma coisa é sofrer por fazer coisas erradas. E outra, por fazer o que é certo. Mas acontece. E quando a tempestade explode, carrega para longe a idéia ingênua: se fizer o que é certo, jamais sofrerei.

Basta perguntar para o casal fiel cujo berço está vazio e o ventre é estéril.

Basta perguntar ao empresário cujo trabalho honesto o premiou com uma inflação galopante.

Basta perguntar ao estudante que marcou posição defendendo a verdade, e acabou recebendo zombarias; à professora de Escola Dominical que aceitou uma classe, e ficou cansada; ao marido que assumiu o risco e perdoou a esposa, só para ser novamente traído.

E assim os ventos sopram.

E assim o barco balança.

E assim os discípulos se perguntam: "Por que essa tempestade, e onde está Jesus?" Já é ruim estar numa tempestade. E ainda sozinho?

Os discípulos já estavam no mar há quase nove horas.[1] João nos diz que eles remaram seis quilômetros (Jo 6.19). É uma longa noite. Quantas vezes correram os olhos pela escuridão à procura do Mestre? Quantas vezes gritaram-lhe o nome?

Por que Ele tanto demorava?

Por que Ele tanto demora?

Acho que escuto a resposta na sala ao lado. Enquanto escrevo, ouço minha filha de dez anos tocando piano. Acaba de passar para o segundo ano. A professora, agora, designa-lhe exercícios cada vez mais complicados. Chega de músicas sem graça; chega de quadrinhas. É hora de seguir em frente. Agora o ritmo varia, as notas avivam-se e as claves mudam. Será um prazer ouvir... algum dia.

Mas hoje as notas chegam devagar, os dedos se enroscam. E Jenna desistiria se lhe dessem escolha. Sou um pai cruel quando insisto para que continue? Sou injusto ao forçá-la a praticar? Não sou surdo ao seu esforço. Eu a ouço. Não sou cego às suas lágrimas. Eu as vejo. Sei que ela estaria muito mais feliz nadando, lendo ou assistindo à televisão.

Então por que a faço sofrer?

Porque a amo. E sei que a luta de hoje resultará em música amanhã.

Conta-nos Marcos que, durante a tempestade, Jesus viu que seus discípulos "se fatigavam" (Mc 6.48). Ele os viu no meio da noite. E, tal como um pai amoroso, esperou. Esperou até a hora certa, até o momento certo. Esperou até perceber que era hora de chegar, e então chegou.

O que fazia com que aquela fosse a hora certa? Não sei. Por que a hora nona era melhor que a quarta ou a quinta? Não consigo responder. Por que Deus espera até o dinheiro acabar? Por que Ele espera até a doença se prolongar? Por que prefere esperar até chegar ao outro lado do túmulo para responder as orações que pedem a cura?

Não sei. Só sei que o tempo dEle sempre está certo. Só posso dizer que Ele fará o melhor. "Deus não fará justiça aos seus escolhidos, que clamam a ele de dia e de noite, ainda que tardio para com eles?" (Lc 18.7).

Mesmo que você nada ouça, Ele está falando. Mesmo que você nada veja, Ele está agindo. Com Deus não há acidentes. Cada incidente é planejado para nos levar mais perto de si.

Posso dar um grande exemplo? A rota direta do Egito para Israel levaria apenas onze dias a pé.[2] Mas Deus guiou os israelitas pelo caminho mais longo, e, nisto, passaram-se quarenta anos. Por que Ele o fez? Leia com cuidado a explicação.

> E te lembrarás de todo o caminho pelo qual o Senhor teu Deus te guiou no deserto estes quarenta anos, para te humilhar, e te tentar, para saber o que estava no teu coração, se guardarias os seus mandamentos, ou não. E te humilhou, e te deixou ter fome, e te sustentou com o maná, que tu não conheceste, nem teus pais o conheceram: para te dar a entender que o homem não viverá só de pão, mas que de tudo o que sai da boca do Senhor viverá o homem. Nunca se envelheceu o teu vestido sobre ti, nem se inchou o teu pé estes quarenta anos. Confessa pois no teu coração que, como um homem castiga a seu filho, assim te castiga o Senhor teu Deus. (Dt 8.2-5).

Veja o que Deus fez no deserto. Ele removeu o orgulho dos israelitas. Provou-lhes o coração. Garantiu que lhes daria sustento. Será que Deus queria, de fato, que os filhos de Israel atingissem a Terra Prometida? É claro que sim. Mas sua preocupação maior era que chegassem preparados, e não rapidamente.

Isso me lembra a história, muito contada, de dois maestros que foram a um concerto para ouvir uma jovem e promissora soprano. Um elogiou-lhe a pureza da voz. Ao que o outro respondeu: "Sim, ela porém cantará melhor depois que o seu coração for quebrantado". Certos sentimentos só se aprendem pela dor. E há horas em que Deus, sabendo disso, permite que a soframos para benefício da própria música.

E então, que faz Deus enquanto enfrentamos a dor? Que faz Ele enquanto estamos na tempestade? Você gostará de o saber. Ele vela por nós. Jesus não estava no barco; havia ido ao monte a fim de orar (veja Mc 6.46). Jesus orava. Isso é notável. É ainda mais notável que o Mestre não haja interrompido a oração quando seus discípulos começaram a lutar. Mesmo ouvindo-lhes os gritos, continuou orando.

Por quê? Duas respostas possíveis. Ou Ele não se importava ou confiava na oração. Acho que você sabe a resposta certa.

Sabe de uma coisa? Jesus não mudou. Ele ainda ora pelos seus discípulos. "Mas este, porque permanece eternamente, tem um sacerdócio perpétuo. Portanto, pode também salvar perfeitamente os que por ele se chegam a Deus, vivendo sempre para interceder por eles" (Hb 7.24,25).

Então, como ficamos? Se Jesus acha-se orando, e nós enfrentamos a tempestade, que devemos fazer? Simples. Façamos o que fizeram os discípulos. Remar! Os discípulos remaram a maior parte da noite. Marcos registra que eles "se fatigavam" para remar (Mc 6.48). A palavra *fatigar* é, em outro texto, traduzido por "atormentar". Não era fácil. Não era atraente.

Você rema boa parte da vida. Sair da cama. Preparar o almoço. Entregar tarefas. Trocar fraldas. Pagar contas. Rotina. Regras. Mais fadiga que pompa. Mais luta que descanso.

Quando Denalyn e eu fomos ao Brasil, pensamos que a vida do missionário era encanto e fascinação todos os dias. Um Indiana Jones cristão. Aprendemos outra coisa.

Você também? Você pensava que o casamento seria um namoro sem fim? Você pensava que ter filhos era como ser babá de vez em quando? Você pensava que a firma que o contratou queria ouvir todas as idéias que você teve na faculdade?

Mas você acabou por aprender outra coisa. A lua-de-mel se acabou. A Receita Federal o convocou. E o chefe queria que você passasse uma semana numa cidadezinha do interior. Você rema boa parte da vida.

Ah, existem momentos atraentes, dias de celebração. Temos nossa cota de festas, mas também temos nossa cota de sanduíches de mortadela. E, para ter a primeira, precisamos suportar a segunda.

No final, Denalyn e eu tivemos cinco anos maravilhosos no Brasil. E aprendemos que, na hora certa, Deus chega. Do jeito certo, Ele aparece. Portanto, não pule fora. Não desista! Não largue os remos! Ele é por demais sábio para largá-lo; é por demais amoroso para machucá-lo. Quando não conseguir vê-lo, confie nEle. Jesus está fazendo uma oração que Ele mesmo responderá.

27/1/2011

Jesus, sabendo que o Pai tinha depositado nas suas mãos todas as coisas, e que havia saído de Deus e ia para Deus, levantou-se da ceia, tirou os vestidos, e, tomando uma toalha, cingiu-se. Depois deitou água numa bacia, e começou a lavar os pés aos discípulos, e a enxugar-lhos com a toalha com que estava cingido.

JOÃO 13.3-5

5

O PERDÃO SECRETO

O Deus da Grande Graça

Não é fácil ficar olhando Jesus lavar esses pés.

Ver as mãos de Deus massageando os dedos dos homens, bem... não está certo. Os discípulos é que deveriam lavar-lhe os pés. Natanael deitaria a água. André levaria a toalha. Mas não o fizeram. Ninguém o faz. Ao invés de servir, ficam discutindo para saber quem é o maior (Lc 22.24).

Quanta decepção essas palavras devem ter provocado em Jesus.

"Eu sou o apóstolo número um."

"Não, eu sou muito mais espiritual que você."

"Ei, gente, vocês estão loucos. Foi eu quem trouxe o maior número de pessoas para ouvir Jesus."

Enquanto argumentam, a bacia fica no canto, intata. A toalha permanece no chão, sem utilidade alguma. A roupa de serviço continua na parede, intocada. Todos os discípulos o vêem. Eles sabem para que serve cada uma dessas coisas. Mas ninguém se move, exceto Jesus. Enquanto discutem, Ele se levanta.

Mas nada diz. Despe a capa, e tira da parede o avental de serviço. Pegando a jarra, derrama a água na bacia. Ajoelha-se diante deles, e com a bacia e a esponja, começa a lavar-lhes os pés. A toalha que lhe cobre a cintura é também a toalha com que lhes seca os pés.

Não está certo.

Não basta que essas mãos sejam rasgadas pela manhã? Precisam esfregar sujeira esta noite? E os discípulos... merecem ter os pés lavados? Sua paixão minguou, sua lealdade hesitou.

Queremos dizer...

Olha para João, Jesus. É o mesmo João que te pediu para que destruisses uma cidade. O mesmo João que exigiu que censurasses um seguidor que não era do teu grupo. Por que lhe lavas os pés?

E Tiago! Ele queria o lugar de honra. Ele e o irmão queriam tratamento especial. Não lhos dês. Dá-lhe a toalha. Que lave os próprios pés. Que aprenda a lição.

E enquanto estás ocupado, Jesus, podes também pular a Filipe. Ele te disse que não havia comida suficiente para alimentar a multidão. Tu o provaste, e ele foi reprovado. Deste-lhe uma oportunidade, e ele a mandou pelos ares.

E Pedro? Com certeza, são os pés que andaram sobre a água, mas também são os pés que afundaram. Ele não acreditou em ti. É certo que ele confessou que tu eras o Cristo, mas também foi ele quem te repreendeu, dizendo que não tinhas de morrer. Ele não merece ter os pés lavados por ti.

Nem um deles merece. Quando estavas para ser apedrejado em Nazaré, alguém veio em tua defesa? Quando os fariseus tomaram pedras para matar-te, alguém se ofereceu para ficar no teu lugar? Tu sabes o que eles fizeram.

E mais, tu sabes o que eles estão para fazer!

És capaz de ouvi-los já roncando no jardim. Eles dizem que ficarão acordados, mas hão de ser vencidos pelo sono. Tu irás suar sangue; eles dormirão como pedra.

És capaz de ouvi-los se esquivando dos soldados. Fazem promessas esta noite. Amanhã estarão em fuga.

Olha em torno da mesa, Jesus. Dos doze, quantos ficarão contigo na corte de Pilatos? Quantos dividirão contigo as chibatadas romanas? E quando caíres sob o peso da cruz, qual dos discípulos estará perto o suficiente para lançar-se ao teu lado, e carregar teu fardo?

Ninguém. Nem um. Um estranho será chamado; nem um discípulo estará por perto.

Não lhes laves os pés, Jesus. Manda-lhes que lavem os teus.

É isso que queremos dizer. Por quê? Por causa da injustiça? Porque não queremos ver nosso Rei agindo como servo? Deus, com as mãos e os joelhos no chão, os cabelos caídos em torno do rosto? Fazemos objeções porque não queremos ver Deus lavando pés?

Ou fazemos objeções porque não queremos fazer o mesmo?

Pare e pense um instante. Não temos pessoas como os discípulos em nosso mundo?

Pessoas de duas caras, quebradores de promessas. Amigos de tempo bom. O que disseram e o que fizeram - duas coisas diferentes. Ah, talvez não o tenham deixado sozinho na cruz, mas talvez o tenham deixado sozinho com as contas...

com suas perguntas,

com sua doença.

Ou talvez você simplesmente tenha sobrado no altar,

ou no frio,

arcando com as conseqüências.

Votos esquecidos. Contratos abandonados.

A lógica diz: "Cerre os punhos".

Jesus diz: "Encha a bacia".

A lógica diz: "Esmurre o nariz dela".

Jesus diz: "Lave-lhe os pés".

A lógica diz: "Ela não merece isso".

Jesus diz: "Isso mesmo, mas você também não".

Não compreendo como Deus consegue ser tão gentil conosco. Ele se ajoelha diante de nós, toma os nossos pés em suas mãos e os lava. Por favor, entenda que, ao lavar os pés dos discípulos, Jesus está lavando os nossos. Você e eu estamos na história. Nós estamos à mesa. Somos nós sendo lavados, não da sujeira, mas de nossos pecados.

E a limpeza não é apenas um gesto; é uma necessidade. Ouça o que Jesus disse: "Se eu te não lavar, não tens parte comigo" (Jo 13.8).

Jesus não disse: "Se não te lavares". Por que não? Porque não conseguimos. Não conseguimos lavar nossa própria sujeira. Não conseguimos remover nosso próprio pecado. Nossos pés precisam estar em suas mãos.

Não perca o significado disso. Colocar os pés na bacia de Jesus é colocar as partes mais sujas de nossa vida em suas mãos. Antigamente, no Oriente, os pés das pessoas ficavam cobertos de barro e pó. O servo do banquete cuidava de limpar os pés aos convidados. Jesus está assumindo o papel de servo. Ele lavará a parte mais suja da sua vida.

Se você lho permitir. A água do Servo só chega quando confessamos que estamos sujos. Somente quando confessamos que estamos cobertos de sujeira, que andamos por trilhas proibidas, e seguimos os caminhos errados.

Temos a tendência de resistir, de ser como Pedro: "Não estou tão sujo, Jesus. Só jogue algumas gotas em cima de mim, e ficarei ótimo".

Que mentira! "Se dissermos que não temos pecado, enganamo-nos a nós mesmos, e não há verdade em nós" (1 Jo 1.8).

Nunca ficaremos limpos a não ser que confessemos que estamos sujos. Nunca seremos puros até admitirmos que somos sujos. E nunca seremos capazes de lavar os pés dos que nos feriram até que permitamos que Jesus, a quem ferimos, lave os nossos.

Veja: esse é o segredo do perdão. Você nunca dará a ninguém um perdão maior do que o que Deus já lhe deu. É só deixando que Ele lhe lave os pés que você terá forças para lavar os pés das outras pessoas.

Ainda é duro pensar no assunto? Ainda é duro pensar na possibilidade de perdoar alguém que o tenha ferido?

Então, volte mais uma vez à sala. Observe Jesus enquanto vai de discípulo em discípulo. Consegue vê-lo? Consegue ouvir o barulho da água? Consegue ouvi-lo arrastando-se pelo chão até a próxima pessoa? Muito bem. Segure essa imagem.

João 13.12 diz: "Depois que lhes lavou os pés..."

Por favor, observe: Ele *acabou* de lhes lavar os pés. Isso significa que não deixou ninguém de fora. Por que isso é importante? Porque também significa que Ele lavou os pés de Judas. Jesus lavou os pés de seu traidor. Deu a mesma atenção ao traidor. Em poucas horas, os pés de Judas estariam conduzindo os guardas romanos até Jesus. Mas neste momento, recebem o cuidado de Cristo.

Não estou dizendo que foi fácil para Jesus.

Não estou dizendo que é fácil para você.

Estou dizendo que Deus nunca lhe chamará para fazer algo que já não tenha feito.

28/01/2011

Eu sou o pão da vida.

João 6.35

28/01/2011

6

O PÃO DA VIDA

O Deus que Alimenta Minha Alma

O que o pão significa para a fome, Jesus reivindica ser para a alma.

Viaje a qualquer país, e entre em qualquer restaurante que, certamente, hão de lhe servir pão. Pão é gênero de primeira necessidade. Se o pobre não tem nada, tem pão. E se o rico tem tudo, não deixará de ter pão. O pão não é comida regional nem alimento nacional. Nenhum país afirma ser a única fonte de pão. Pode ser em forma de *tortilla* no México, ou de um *bagel* em Nova York, mas há pão em todo lugar. Assim também Cristo. Ele não é limitado por fronteiras. Nenhum país o reclama. Nenhuma região o possui. Nenhuma nação o monopoliza. Ele está em toda a parte ao mesmo tempo. Acessível em todo o universo.

Come-se pão todos os dias. Algumas frutas só existem em certas épocas. Algumas bebidas são feitas apenas em dias especiais. Não é o que ocorre com o pão. E não é o que acontece com Jesus. Ele devia ser trazido à nossa mesa todos os dias. Deixemos que Ele alimente nosso coração, não somente em certos meses ou em acontecimentos especiais, mas todos os dias.

O pão é servido de várias formas. Torrado, com geléia, com manteiga, achatado e grelhado. Pode ser sanduíche, pão doce, bisnaga, *croissant* ou francês. O pão supre muitas necessidades. Jesus também. Ele se adapta para atender todas as nossas necessidades. Ele tem palavras para os solitários, bem como para os que se acham cercado de amigos. Traz ajuda para o doente físico e para o doente emocional. Se sua visão está clara, é Ele quem o ajuda. Se sua visão está turva, a ajuda ainda vem dEle. Jesus supre qualquer necessidade.

Vê por que Jesus chamou a si mesmo de Pão da Vida?

Penso em outra similaridade. Considere como o pão é feito. Pense no processo. O trigo cresce nos campos, depois é cortado, separado e moído para tornar-se farinha. Passa pelo forno e depois é distribuído pelo mundo. É somente através desse processo que o pão torna-se pão. Cada etapa é essencial. Elimine a planta, e não haverá trigo. Elimine a separação, e não haverá a farinha. Elimine o fogo, e não haverá o produto. Elimine a distribuição, e não haverá satisfação. Cada etapa é essencial.

Agora, considere Jesus. Ele apareceu "como uma plantinha que brota e vai crescendo" perante o Senhor (Is 53.2, BLH). Um dentre os milhões de meninos do planeta. Um dentre milhares em Israel. Um dentre dezenas em Nazaré. Indistinguível das pessoas da rua ou da criança na cadeira ao lado. Se você o visse quando criança, não pensaria fosse Ele o Filho de Deus. Talvez o achasse educado, gentil, ou perseverante, mas Deus na terra? De forma alguma. Era só um menino. Um entre centenas. Como a espiga solitária no trigal.

Mas como o trigo, Ele foi cortado. Como o grão, foi batido e esmagado. "Ele foi ferido pelas nossas transgressões, e moído pelas nossas iniqüidades" (Is 53.5). E, como o pão, passou pelo fogo. Na cruz, passou pelo fogo da ira de Deus, não por causa de seus pecados, pois jamais pecara, mas em conseqüência dos nossos. "O SENHOR fez cair sobre ele a iniqüidade de nós todos" (Is 53.6).

Jesus vivenciou cada parte do processo da feitura do pão: cresceu, foi batido, passou pelo fogo. E, assim como cada etapa é necessária para o pão, cada uma dessas partes foi necessária para que Cristo se tornasse o pão da vida. "Porventura não convinha que o Cristo padecesse estas coisas e entrasse na sua glória? " (Lc 14.16).

A próxima etapa do processo, a distribuição, Cristo a deixa por nossa conta. Nós somos os distribuidores. Não podemos obrigar as pessoas a comer o pão, mas podemos garantir que elas o tenham. Ainda assim, por alguma razão, relutamos em fazê-lo. É muito mais fácil ficar na padaria que entrar no caminhão. Como se ilustra na seguinte parábola, às vezes nem sabemos como dar pão a quem o pede.

O Mendigo e o Pão

Um mendigo chegou e sentou-se diante de mim.

Quero pão — pediu.

Você é muito sábio — respondi-lhe. — É de pão que você precisa. E você veio à padaria certa.

Tirei, então, meu livro de receitas da estante, e comecei a contar-lhe tudo o que sabia acerca do pão.

Falei da farinha e do trigo, do grão e da cevada. Até eu fiquei impressionado com meu conhecimento enquanto citava medidas e receitas. Quando levantei os olhos, fiquei surpreso porque ele não estava sorrindo.

Só quero pão — disse.

Você é muito sábio — elogiei a opção dele. — Venha cá, vou lhe mostrar a padaria.

E o guiei pelos corredores abençoados, parando para mostrar as salas em que se prepara a massa, e os fornos em que se assam os pães.

"Ninguém tem instalações como estas. Temos pães para todas as necessidades. Mas aqui é a melhor parte" — proclamei, empurrando uma porta dupla, do tipo vai-e-vem.

"Esta é a nossa sala de inspiração."

Percebi que ele ficou impressionado quando entramos no auditório repleto de vitrais.

O mendigo não falou. Compreendi seu silêncio. Com meu braço por sobre seus ombros, sussurrei: "Também fico extasiado" — , e subi à plataforma e assumi minha pose favorita atrás do leitoril. — "Pessoas viajam quilômetros para me ouvir. Uma vez por semana meus trabalhadores se reúnem, e eu leio para eles o livro de receitas da vida."

A essa altura, o mendigo havia sentado na primeira fila. Eu sabia o que ele queria.

— Você gostaria de me ouvir falar?

— Não — respondeu. — Mas gostaria de ganhar um pouco de pão.

Você é muito sábio - repliquei. E o levei para a porta principal da padaria. — "O que vou dizer agora é muito importante", disse-lhe, já do lado de fora. — "Ao longo desta rua você encontrará muitas padarias. Mas cuidado: elas não vendem o pão de verdade. Sei de uma que põe duas colheres de sal em vez de uma. Sei de outra cujo forno é três graus mais quente. Podem chamar de pão - alertei - mas não está de acordo com o livro".

O mendigo virou-se e começou a se afastar.

— Você não quer pão?

Ele parou, olhou para mim e encolheu os ombros.

— Acho que perdi o apetite.

Balancei a cabeça e voltei para o meu escritório.

— Que vergonha! — disse para mim mesmo. — O mundo simplesmente já não tem fome do verdadeiro pão.

Não sei o que é mais inacreditável: o fato de Deus embrulhar o pão da vida com o papel de um carpinteiro do interior ou o fato de Deus entregar-nos as chaves do caminhão de entrega. Ambos os gestos parecem um tanto arriscados. Mas o carpinteiro fez a parte dele. E, quem sabe, possamos pelo menos aprender a fazer a nossa.

Como havia amado os seus, que estavam no mundo, amou-os até o fim

João 13.1

Louvai ao Senhor porque ele é bom; porque a sua benignidade é para sempre.

Salmo 136.1

7

MAIOR QUE A ETERNIDADE

O Deus que Ama com Perseverança

Deus, tenho uma pergunta: Por que amas a teus filhos? Não quero parecer irreverente, mas só os céus sabem quanta dor temos causado a ti. Por que nos toleras? Tu nos dás o ar cada vez que inspiramos, mas te agradecemos? Tu nos dás um corpo inigualável, mas te louvamos?

Raramente.

Reclamamos do tempo. Brigamos por nossas ninharias. Discutimos sobre quem fica com que continente, discutimos sobre qual o melhor sexo. Não se passa nem um segundo sem que alguém, em algum lugar, use teu nome para xingar um dedão martelado ou uma decisão desfavorável do árbitro. (Como se fosse culpa tua.)

Enches o mundo de comida, mas a ti atribuímos a fome. Manténs a inclinação da terra, e evitas que os polos degelem, mas te acusamos de indiferença. Dá-nos o céu azul, e exigimos chuva. Dá-nos chuva, e exigimos sol. (Como se, afinal, soubéssemos o que é melhor.)

Louvamos mais o artilheiro em boa forma do que o Deus que nos fez. Cantamos mais canções à lua do que ao Cristo que nos salvou. Somos uma mosca no rabo de um elefante numa galáxia de Áfricas, e mesmo assim exigimos que nos encontres uma vaga no estacionamento. E se não nos dás o que te pedimos, dizemos que não existes. (Como se nossa opinião importasse.)

Poluímos o mundo que nos emprestaste. Maltratamos o corpo que nos deste. Ignoramos a Palavra que nos enviaste. E matamos o Filho em que te tornaste. Somos bebês mimados que batem e chutam, fazem manha e blasfemam.

Tens todas as razões para nos abandonar.

Eu, com certeza, o faria. Lavaria as mãos em relação a toda essa bagunça, e começaria tudo de novo em Marte. Mas fazes isso?

Vejo a resposta no nascer do sol. Ouço a resposta no bater das ondas. Sinto a resposta na pele de uma criança.

Pai, teu amor nunca cessa. Jamais. Mesmo que te rejeitemos, desconsideremos-te, ou te desobedeçamos, não mudarás. Nossa maldade não consegue diminuir o teu amor. Nossa bondade não consegue aumentá-lo. Nossa fé não consegue conquistá-lo, assim como nossa estupidez não consegue prejudicá-lo. Não nos amas menos quando falhamos. Não nos amas mais quando somos bem-sucedidos.

Teu amor nunca cessa.

Como explicá-lo?

Talvez a resposta esteja noutra pergunta.

Mães: Por que vocês amam seus recém-nascidos? Eu sei, eu sei; é uma pergunta boba, mas me desculpem. Por quê?

Durante meses, esse bebê lhe trouxe sofrimentos. Ele lhe deixou cheia de espinhas e a fez gingar como pata. Por causa dele, você suspirou por sardinhas e torradas, e saiu devolvendo tudo pela manhã. Ele lhe chutou a barriga. Ele ocupou um espaço que não era dele, e comeu alimentos que não preparou.

Você o manteve aquecido. Você o manteve seguro. Você o manteve alimentado. Mas será que ele agradeceu?

Você está brincando? Mal saiu da barriga, já começou a chorar! O quarto é muito frio, o cobertor é muito áspero, a babá é muito ruim. E quem ele quer? A mamãe.

Você nunca tira uma folga? Quer dizer, quem fez todo o trabalho nos últimos nove meses? Por que o papai não pode assumir? Mas não, papai não vai assumir. O bebê quer a mamãe.

Ele nem lhe disse que estava chegando. Simplesmente veio. E que chegada! Ele a transformou numa selvagem. Você gritou. Você praguejou. Você cerrou os dentes e rasgou os lençóis. E veja só como você está agora. Suas costas doem. A cabeça lateja. Seu corpo está molhado de suor. Todos os músculos retorcidos e estirados.

Você devia estar brava. Mas está?

Longe disso. Em seu rosto, há um amor maior que a eternidade. Ele não fez nada por você; mas você o ama. Ele trouxe sofrimento para seu corpo e náuseas para suas manhãs, mesmo assim, é o seu tesouro. O rosto dele é enrugado e os olhos turvos; apesar disso, você só consegue falar da boa aparência e do futuro brilhante dele. Ele vai acordá-la todas as noites nas próximas seis semanas, mas isso não importa. Vejo isso no seu rosto. Você é louca por ele.

Por quê?

Por que a mãe ama o recém-nascido? Por que o bebê é dela? Mais que isso. É o sangue dela. É a carne dela. Os tendões dela e a espinha dela. É a esperança dela. É o legado dela. Não importa que o bebê não dê nada a ela. Ela sabe que o bebê recém-nascido é indefeso, fraco. Ela sabe que os bebês não pedem para vir ao mundo.

E Deus sabe que também não pedimos.

Somos idéia dEle. Somos dEle. Seu rosto. Seus olhos. Suas mãos. Seu toque. Olhe bem no rosto de cada ser humano sobre a terra, e você verá que é semelhante a Ele. Embora alguns pareçam parentes distantes, não o são. Deus não tem sobrinhos, só filhos.

Somos, por incrível que pareça, o corpo de Cristo. E mesmo que não ajamos como o Pai, não há maior verdade que esta: somos dEle. Inalteravelmente. Ele nos ama. Infinitamente. Nada pode separar-nos do amor de Cristo (veja Rm 8.38,39).

Se Deus não tivesse dito essas palavras, eu seria louco, escrevendo-as. Mas já que Ele o disse, eu seria um louco se não as cresse. Nada pode separar-nos do amor de Cristo... mas como tenho dificuldade em abraçar essa verdade.

Você pensa que cometeu um ato que o coloca fora de seu amor. Uma traição. Uma deslealdade. Uma promessa quebrada. Você acha que Ele o amaria mais se você não tivesse feito tal coisa? Você acha que Ele o amaria mais se você fizesse mais coisas? Você acha que se você fosse melhor, o amor de Deus seria mais profundo?

Errado. Errado. Errado.

O amor de Deus não é humano. O amor de Deus não é normal. O amor de Deus enxerga o seu pecado, mas ainda o ama. Estaria aprovando seus erros? Não. Você precisa se arrepender? Sim. Mas você se arrepende para o bem dEle ou para o seu próprio bem? Para o seu bem. O ego de Deus não precisa de argumentações. O amor de Deus não precisa de sustentação.

E Ele não poderia amá-lo mais do que o ama neste exato momento.

Quando pois lhes disse: Sou eu, recuaram, e caíram por terra.

João 18.6

30/11/2011

8

LIÇÕES DO JARDIM

O Deus que Reclama o Sagrado

Meu pai ensinou-me a lição bem cedo: Não faça estragos no jardim. Você pode brincar no quintal. Pode apostar corridas no corredor. Pode construir um forte na árvore. Mas o jardim? Deixe-o em paz.

Era um jardim pequeno, mais ou menos do tamanho de uma dispensa. Não plantávamos nada exótico, exceto um pouco de menta. Mergulhávamos as folhas nos chás de verão. Embora as verduras fossem gostosas, não precisávamos plantá-las. Podíamos comprá-las no mercado. Então, por que papai insistia em manter um jardim?

Ele adorava ver a vida. E o jardim é um lugar de vida, um lugar em que os botões explodem e as plantas empurram o solo. Um lugar de cravos, tulipas, nabos e tomates. Um lugar digno de amor e proteção. As flores são frágeis. As plantas são preciosas. Portanto, arranque o mato e separe as ervas daninhas. Levante umas estacas. Plante uma cerca viva. Monte um espantalho.

Filho, faça o que quiser, mas não fique correndo em volta do jardim.

Odeio pensar que eu tenha alguma coisa em comum com o diabo, mas acho que tenho. Satanás aprendeu a mesma lição: Não bagunce os jardins - especialmente o jardim que pertence ao Pai.

A Bíblia é a história de dois jardins. Éden e Getsêmani. No primeiro, Adão levou um tombo. No segundo, Jesus marcou um tento. No primeiro, Deus buscou a Adão. No segundo, Jesus buscou a Deus. No Éden, Adão se escondeu de Deus. No Getsêmani, Jesus emergiu da tumba. No Éden, Satanás levou Adão a uma árvore que o conduziu à morte. Do Getsêmani, Jesus foi para uma árvore que nos conduziu à vida.

Satanás nunca foi convidado para o Jardim do Éden. Ele não fazia parte desse lugar, nem era desejado. Ele se intrometeu como uma cobra no jardim de Deus, e infectou os filhos de Deus.

É tudo o que tem feito desde então. Será que ele não entrou em alguns de seus jardins sagrados?

Não é o que ocorre com o casamento? Até o chamamos de "santo matrimônio". A palavra altar implica na presença de Deus. O casamento foi idéia de Deus. O primeiro enlace ocorreu no primeiro jardim. Mas isso não faz nenhuma diferença para o diabo, que se insinua para dentro de cada casa com um só desejo - destruir.

A intimidade sexual é um presente de Deus. A virgindade é uma rosa colhida do jardim, dada por Deus para ser partilhada com quem será seu companheiro para sempre. Satanás zomba dessa fidelidade. Ele é o pai do incesto e do abuso. Ele é o autor da imoralidade. Ele é o rufião do jardim.

Prestamos votos sagrados e fazemos promessas solenes. Juramos que seremos bons pais, companheiros fiéis, amigos leais. Mas Satanás fica com a cabeça virada cada vez que ouve um voto. "Vamos ver", sorri, malicioso, o pai da mentira.

Aos olhos de Deus, a criança é santa. A inocência da juventude, o frescor da infância, a alegria de um recém-nascido. Nunca aconteceu de Jesus desviar-se de uma criança. Mas nunca houve criança alguma que Satanás não haja desdenhado. Ele estava matando bebês para matar Moisés. Estava destruindo recém-nascidos para destruir o Cristo. Suas táticas não mudaram. Milhões de bebês ainda são abortados; milhares de crianças são molestadas. Jesus disse de Satanás: "Ele foi homicida desde o princípio" (Jo 8.44).

Existe algum terreno que Satanás não tocou? Existe algum lugar que não tenha sido ferido por sua espada? A igreja? O governo? As crianças? A pureza? As promessas?

E você! E eu! Somos chamados para ser santos. Fomos feitos para ser santos. Separados para sua boa obra. Somos as flores preciosas do jardim. Mas existe alguma pessoa que não tenha sentido o pé do intruso?

O que Satanás fez no Éden, faz também hoje. Por essa razão, precisamos saber: o que Jesus fez no Getsêmani, faz também hoje. Ele reclama o sagrado. Não ficará muito tempo em silêncio, enquanto Satanás escava o sagrado. No momento certo, Jesus se levanta e fala. E quando se levanta e fala, Satanás sucumbe e silencia.

Exatamente o que aconteceu no Getsêmani.

Diz-nos João que Judas "veio para ali com a coorte e os oficiais dos principais sacerdotes" (Jo 18.3). Um pouco de estudo revela que Satanás arquitetou um estratagema fabuloso. Ele recrutou a força de cada poder significativo do drama - os romanos, os judeus e os apóstolos.

Primeiro, ele tem uma "coorte de soldados". A palavra grega é *speira*. Tem três significados possíveis. Pode significar uma corte romana de trezentos homens. Pode se referir a uma cavalaria e infantaria, totalizando mil e novecentos soldados. Ou pode descrever um destacamento conhecido por *maniple*, que continha duzentos homens.[1]

Surpreendente. Sempre tive a impressão de que fora um punhado de soldados que havia prendido a Jesus. Eu estava errado. Pelo menos duzentos homens foram destacados para lidar com um único carpinteiro e seus onze amigos!

Também presentes estavam "alguns guardas". Esses faziam o policiamento do templo. Eram destacados para guardar o mais sagrado dos lugares durante a época mais agitada do ano. Deviam estar entre os melhores de Israel.

E havia Judas. Do círculo mais íntimo de Jesus. Satanás não tinha apenas recrutado entre os romanos e judeus, como também havia se infiltrado no gabinete do Mestre. O inferno devia estar em festa. Não havia escapatória para Jesus. Satanás fechara todas as saídas. Seus representantes haviam previsto cada movimento, exceto um.

Jesus não tinha nenhum desejo de fugir. Não tinha nenhuma intenção de escapar. Não tinha ido ao jardim para se esconder. O que eles encontraram em meio às árvores não era nenhum covarde. Eles depararam-se com um vencedor.

Observe o diálogo que se seguiu:

> Sabendo pois Jesus todas as coisas que sobre ele haviam de vir, adiantou-se, e disse-lhes: A quem buscais?
>
> Responderam-lhe: A Jesus Nazareno.
>
> Disse-lhes Jesus: Sou eu. E Judas, que o traía, estava também com eles. Quando pois lhes disse: Sou eu, recuaram, e caíram por terra.
>
> Tornou-lhes pois a perguntar: A quem buscais?
>
> E eles disseram: A Jesus Nazareno.
>
> Jesus respondeu: Já vos disse que sou eu: se pois me buscais a mim, deixai ir estes (Jo 18.4-8).

Impressionante. Eles estavam a apenas poucos passos de seu rosto, mas não o reconheceram. Nem Judas percebe quem está diante de si. Que verdade! Ver Jesus é mais que uma questão de visão; é uma questão de coração. O inimigo está ao lado de Jesus e não o percebe.

Ele se revela. "Sou eu." Sua voz derruba o primeiro dominó, e eles tombam. Não fosse tão solene o momento, seria cômico. São os melhores soldados com o melhor plano de Satanás; mas uma palavra de Jesus, e eles caem! A guarda romana torna-se um grupo de trapalhões. Duzentos homens de combate entram em colapso, num aglomerado barulhento de escudos, espadas e tochas. Não perca esse simbolismo: quando Jesus fala, Satanás cai.

Não importa quem o maligno recrutou. Não importa se ele se infiltrou no governo. Não importa que tenha seduzido o templo. Não importa se recrutou um dos apóstolos originais, escolhidos a dedo. O melhor de Satanás derrete-se como cera diante da presença de Cristo.

Jesus precisa perguntar-lhes de novo: "A quem buscais?"

Quando respondem que estão à procura de Jesus de Nazaré, Ele lhes instrui: "Se pois me buscais a mim, deixai ir estes".

Que é isso? Jesus os está comandando! Um judeu instruindo os romanos? Um renegado dirigindo a guarda do templo? Voltamo-nos para o comandante, esperando uma réplica. Olhamos para Judas, aguardando uma resposta. Abrimos os ouvidos, esperando alguém anunciar: "Você não é o encarregado aqui, Nazareno! Vamos levar todos os que quisermos!" Mas não só ficam em silêncio, como obedecem. Os apóstolos ficam livres.

Muitos elementos aparecem no palco do Getsêmani. Judas e sua traição. Pedro e sua espada. Os discípulos e seu medo. Os soldados e suas armas. E embora sejam cruciais, não são reais. O confronto não é entre Jesus e os soldados; é entre Deus e Satanás. Satanás ousa em outro jardim, mas Deus se levanta, e Satanás não tem chance.

Não perca a mensagem:

> Porque não temos que lutar contra a carne e o sangue, mas sim contra os principados, contra as potestades, contra os príncipes das trevas deste século, contra as hostes espirituais da maldade, nos lugares celestiais (Ef 6.12).
>
> Para isto o Filho de Deus se manifestou: para desfazer as obras do diabo (1 Jo 3.8).

Não perca as promessas:

Satanás cai na presença de Cristo. Uma palavra de seus lábios, e o melhor exército do mundo entra em colapso.

Satanás permanece em silêncio enquanto Cristo faz a sua proclamação. Nem uma vez, o inimigo falou sem que Jesus lho permitisse. Diante de Cristo, Satanás não tem nada a dizer.

Satanás é impotente contra a proteção de Cristo. "Dos que me deste nenhum deles perdi" (Jo 18.9).

Quando Jesus diz que o manterá a salvo, fala sério. Ele é capaz de protegê-lo. E, quando Jesus promete que o levará para casa, certamente o fará.

Deixe-me concluir este capítulo com uma pergunta importante. Será que Satanás não invadiu o jardim de sua vida? Não profanou uma parte sagrada de seu mundo? Seu casamento? Sua pureza? Sua honestidade? Não terá ele tomado a rosa que lhe entregou Deus? Então, deixe que Jesus os reclame de volta. Hoje. Agora. Antes de você virar esta página.

Perdoe-me por parecer apressado, mas estou. Satanás não tem autoridade sobre você. Se ele invadiu um jardim de sua vida, convide Jesus para que o reclame de volta. Abra o portão para Deus. Ele entrará e fará o que fez no Getsêmani. Ele vai orar e proteger.

Por que você não o faz ?

Não sabe como? É fácil. Vou ajudá-lo. Vamos orar. Você e eu. Vou mostrar-lhe o caminho; você preenche os espaços em branco.

> Pai precioso, louvo teu nome. Tu tens reconquistado tantas partes da minha vida. Eu estava perdido, tu me encontraste. Eu estava confuso, tu me guiaste. Eu não tinha nada a oferecer, mas ainda me amaste.
>
> Confesso que ainda preciso de ajuda. Existe uma parte da minha vida que precisa de um toque teu. Satanás está batalhando por um jardim no meu coração. Não o deixes vencer. Coloca-o para fora. Ele é mentiroso e é mentiroso desde o princípio. Por favor, derrota-o. Eu te glorificarei.
>
> Pai, esta é a área em que preciso de teu poder _____ ____________________.

(E esse é o ponto em que eu me despeço. Vou deixar você e Deus conversando sobre os detalhes. Estarei esperando por você no próximo capítulo.)

31/01/2011

Não se turbe o vosso coração; credes em Deus, crede também em mim.

João 14.1

31/01/2011

9

QUE FAZER COM OS ANIVERSÁRIOS

O Deus da Vitória no Túmulo

Os comentários começaram uns meses atrás.

"Chegando ao topo, Max? Cuidado! Você vai rolar ladeira abaixo."

"Está quase lá, heim, Max? Logo você vai parar de pentear o cabelo e começar a arrumá-lo."

Trinta dias atrás, o comentário começou a aumentar (bem como minha cintura). Os avisos tornaram-se mais freqüentes.

"Encare de outro jeito. A vida inteira você aprendeu que devia respeitar os mais velhos. Agora, não precisa respeitar mais ninguém."

"Não se preocupe, Max. A velhice não é ruim quando você pensa no assunto."

Esta semana, começaram a chegar os telefonemas.

"Não sei se mando condolências ou parabéns."

"Pronto para sair da cama hoje?" meu irmão me perguntou esta manhã.

Na verdade, saí da cama mais cedo hoje. Numa manhã típica de aniversário, eu devia ter cancelado meu *cooper* matinal para ficar na cama. Mas não é um aniversário típico. E a idéia de ficar na cama nunca me passou pela cabeça. A idéia de correr um quilômetro a mais, sim, mas não a de dormir até tarde.

É a grande. A quadragésima. Desafiando a idade, lancei-me às ruas escuras e corri. Queria ver como se sente um corredor de quarenta anos. Sabe o que aprendi? Ele se sente como um corredor de trinta e nove.

Mas apesar de eu me sentir como me sentia ontem, minha carteira de motorista me lembra que tenho quarenta. Dizem que a vida começa aos quarenta. Mas também é o começo dos problemas de visão, da artrite e do costume de contar a mesma piada três vezes para a mesma pessoa.

Lucille Ball afirmou que o segredo de se manter jovem é viver com honestidade, comer devagar e mentir a respeito da idade. Falar é fácil, fazer é que são elas. É difícil mentir sobre o que é óbvio. Quando você é jovem, faz um monte de caretas na frente do espelho. Quando fica velho, o espelho se vinga. Mas digo para mim mesmo que entrar nos quarenta não é tão ruim; perto de uma tartaruga de Galápagos, ainda sou criança.

Dei várias gargalhadas com os comentários que atravessaram meu caminho. Achei que você poderia divertir-se um pouco.

> "Você sabe que está ficando velho quando tenta tirar as rugas das meias e descobre que nem está usando meia."

> "Aos vinte, a gente não liga para o que o mundo pensa de nós; aos trinta, a gente começa a se preocupar com que o

mundo possa estar pensando de nós; aos quarenta, a gente descobre que o mundo simplesmente não pensa em nós."

"Cheguei àquela idade em que preciso pôr a dentadura e o aparelho no ouvido para conseguir perguntar onde larguei os óculos."

Deixo a síntese para Dave Barry:

Quando a pessoa começa a atingir esse marco (seu quadragésimo aniversário), precisa de um tempo para aprender a respeito das mudanças biológicas que estão acontecendo em seu corpo, para que tenha mais condições de entender e enfrentar os elementos inevitáveis e completamente naturais do processo de envelhecimento - pequenas dores, incômodos, problemas dentários, distúrbios intestinais, deterioração muscular, instabilidade emocional, lapsos de memória, perda de audição e de visão, impotência, ataques, aumento de peso, problemas de próstata, redução drástica do desempenho de braços e pernas, colapso das coronárias, morte e, é claro, crises doloridas de hemorróidas - que podem compor essa aventura excitante a que chamamos "meia-idade".[1]

Envelhecer. Velhice. Rimos dela, gememos com ela. Resistimos a ela, mas não a podemos impedir. E com os risinhos e as rugas surgem alguns pensamentos e perguntas sérias sobre o que acontece quando morremos. Será que a morte é quando dormimos? Ou a morte é quando finalmente acordamos?

Sendo pastor, muitas vezes sou chamado a falar em funerais. Já não preciso perguntar o que a família quer que eu fale; eu sei. Ah, talvez eu tenha de fazer uma ou duas perguntas sobre o falecido, isso eu faço, mas não pergunto o que eles querem que eu fale. Eu sei.

Eles querem ouvir o que Deus diz acerca da morte. Querem ouvir como Deus responderia suas perguntas sobre a outra vida.

Eles não querem minha opinião; nem querem os pensamentos de algum filósofo ou as pesquisas de algum cientista. Querem saber o que Deus diz. Se Jesus estivesse aqui, junto à cabeceira deste esquife, no meio deste cemitério, que diria?

E assim, sob o manto da tristeza, ministro as palavras de Deus. Compartilho o discurso que Jesus fez para si mesmo. Os discípulos não sabiam que era seu discurso de despedida. Ninguém sabia, mas era. Ele sabia que acabara de presenciar seu último pôr-do-sol. Sabia que a morte chegaria com a manhã. Então lhes falou da morte. É assim que começou:

> Não se turbe o vosso coração; credes em Deus, crede também em mim. Na casa de meu Pai há muitas moradas; se não fosse assim, eu vo-lo teria dito: vou preparar-vos lugar. E, se eu for, e vos preparar lugar, virei outra vez e vos levarei para mim mesmo, para que onde eu estiver estejais vós também (Jo 14.1-3).

Que tipo de afirmação é essa? Confie em mim na morte. Quando você enfrentar o túmulo, não se preocupe - confie em mim! Fica-se com a impressão de que, para Deus, a cova não é nenhum quebra-cabeça. Ele fala tranqüilamente como um mecânico fala a um cliente preocupado: "Claro, o motor precisa de uma revisão, mas não se preocupe. Eu cuido disso". Para nós, é um tormento. Para Ele, não é nada.

Outra noite, fiz uma coisa que todos os pais fazem dezenas de vezes. Carreguei minha filha para a cama. Sara, de cinco anos, dormiu no chão, e eu a peguei, subi as escadas com ela e a coloquei na cama. Por quê? Eu sabia que era hora de descansar, e que o descanso seria melhor lá do que aqui embaixo.

Será que Deus não faz o mesmo? Será que Ele, sabendo mais que nós, não nos carrega para o lugar de descanso que criou? Para Deus, a morte não é uma tragédia. Na economia de Deus, o fim do corpo é o início da vida.

Imagine se as irmãs de Sara discordassem da minha decisão de levá-la para cima: "Não a leve. Vamos sentir falta dela. Por favor, deixe-a aqui para ficarmos todas juntas".

Como eu responderia? "Ah, mas ela vai descansar muito melhor no quarto que preparei para ela. Além disso, vocês logo vão subir também".

Ao chamar-nos para casa, Deus está fazendo o que qualquer pai faria. Ele está providenciando um lugar de descanso melhor. Um lugar que Ele "preparou para nós". O céu não é produzido em massa; é feito sob medida.

Um tempo atrás resolvi encomendar duas camisas a um alfaiate. Escolhi o tecido. O alfaiate tomou-me as medidas. E algumas semanas depois, recebi duas camisas feitas especialmente para mim. Há uma grande diferença entre essas camisas e as outras em meu guarda-roupa. As outras foram feitas para qualquer um das centenas de milhares de homens mais ou menos do meu tamanho. Mas essas duas não. Foram feitas só para mim.

Portanto, elas servem como luva! Não sobram. Não apertam. Estão simplesmente exatas. Essa é a promessa do céu. O céu foi feito para nós. Noutro trecho, Jesus nos convida: "possuí por herança o reino que vos está preparado desde a fundação do mundo" (Mt 25.34).

O problema deste mundo é que não serve. Bom, serve por enquanto, mas não é feito sob medida. Fomos feitos para viver com Deus, mas na terra vivemos pela fé. Fomos feitos para viver eternamente, mas nesta terra vivemos por um momento. Fomos feitos para viver vidas santas, mas este mundo está manchado de pecados.

Este mundo veste como uma camisa que você tomou emprestada. O céu, porém, vai servir como uma camisa feita por encomenda.

Por falar nisso, sempre achei curioso que Jesus tivesse ressuscitado tão poucas pessoas. Ele curou centenas e alimentou milhares, mas, pelo que eu saiba, só ressuscitou três: a filha de Jairo, o garoto perto de Naim e Lázaro. Por que tão poucos? Não é porque Ele sabia que não lhes estaria fazendo favor algum? Não é porque não encontrou nenhum voluntário? Não é porque, uma vez lá, a última coisa que possam desejar é voltar para cá?

Precisamos confiar em Deus. Precisamos confiar, pois Ele não somente sabe o que é melhor, mas também o que está adiante. Considere estas palavras de Isaías 57.1-2: "Perece o justo, e não há quem considere isso em seu coração, e os homens compassivos são retirados sem que alguém considere que o justo é levado antes do mal. Entrará em paz; descansarão nas suas camas".

Que coisa, um pensamento e tanto! Deus os está levando antes que venham os dias maus. Será que a morte pode ser a graça de Deus? Será que a coroa fúnebre não é o círculo de segurança de Deus? Por que um garoto de oito anos morre de câncer? Por que uma jovem mãe é arrancada de seus filhos? Por mais horrível que pareça, será que o túmulo não é a proteção divina quanto a um futuro indesejável?

Confie em Deus, Jesus insiste, e confie em mim.

Alguns anos atrás, ouvi o vice-presidente George Bush discursar num café de oração. Ele falou de sua primeira viagem para a Rússia, quando representou os Estados Unidos no funeral de Leonid Brejnev. O funeral foi tão rígido e estóico quanto o regime comunista. Não se viu nenhuma lágrima e nem se demonstrou nenhuma emoção. Com uma exceção. Bush contou como a viúva de Brejnev foi a última pessoa a ver o corpo antes de fecharem o esquife. Por vários segundos ela ficou ao lado dele, estendeu a mão, tocando-o, e fez um sinal da cruz no peito do marido.

Na hora da morte do marido, ela não buscou Lênin, nem Karl Marx, nem Kruchov. Na hora da morte, ela se voltou para um carpinteiro nazareno que vivera há dois mil anos, e que havia tido a ousadia de dizer: "Não se turbe o vosso coração; credes em Deus, crede também em mim".[2]

Portanto, que fazer com os aniversários? Por mais que desejemos evitá-los, não conseguimos. Num instante, as velas acabam ficando tão caras quanto o bolo. E por mais que gostemos de achar que estamos imunes ao túmulo, não estamos. Então, em vez de rejeitá-los, dê boas-vindas a eles! Dê boas-vindas como se fossem marcos para lembrar-lhe de que ainda não está em casa, mas que está mais perto dela que nunca.

01/02/2011

Todavia digo-vos a verdade, que vos convém que eu vá; porque, se eu não for, o Consolador não virá a vós; mas, se eu for, enviar-vo-lo-ei. E, quando ele vier, convencerá o mundo do pecado, e da justiça e do juízo.

João 16.7,8

10

MÚSICA PARA MARCHAR

O Deus que Envia a Música

Imagine que você queira aprender a marchar. Sendo uma pessoa racional, intelectual, você vai a uma livraria, e compra um livro sobre marchas e paradas militares. Afinal, um livro o ajudou a programar computadores, e outro ensinou-lhe contabilidade - com certeza um livro pode ensiná-lo a desfilar garbosamente pela avenida.

Você leva o livro para casa e começa a trabalhar. Faz tudo o que o livro manda. O livro manda marcar o ritmo, e você o faz. O livro manda observar o passo, e você o faz. O livro manda fazer meia volta, e você o faz. Até corta papéis em forma de pés e os espalha pelo chão da sala para saber onde pisar.

Por fim, acha que conseguiu, então convida sua esposa e filhos para ver. Você deixa o livro aberto, e segue as instruções, passo a passo. Até lê em voz alta, para que todos saibam que você fez a lição de casa. "Dê um passo com seu pé direito. Vire-se para a esquerda. Sentido!" e você faz.

Você continua lendo, depois marchando; lendo, depois marchando, até completar a parada. E você desaba, exausto, no sofá, olha para sua esposa e filhos, e proclama:

— Executei tudo com perfeição.

— Você executou, mesmo — suspira ela. — Você matou o desfile.

— O quê?

— Você esqueceu a parte mais importante. Cadê a música?

Música?

Nem pensou na música. Lembrava do livro. Aprendeu as regras. Reproduziu os movimentos. Mas esqueceu a música.

— Tente de novo — diz ela, colocando um CD. — Dessa vez, não se preocupe com os passos; siga a música. A próxima coisa que você percebe é que está marchando — e nem está com o livro.

Nós, cristãos, temos a tendência de seguir o livro, esquecendo a música. Dominamos a doutrina, esboçamos os capítulos, memorizamos as dispensações, debatemos as regras e pisamos rigidamente sem nenhuma música no coração. Medimos cada passo, calibramos cada volta e desmoronamos na cama todas as noites, exaustos, depois de passar mais um dia marchando de acordo com o livro.

Marchar sem música é duro.

Jesus sabia disso. Por essa razão, na noite que antecedeu sua morte, Ele apresentou os discípulos ao compositor da Trindade, o Espírito Santo.

> Todavia digo-vos a verdade, que vos convém que eu vá; porque, se eu não for, o Consolador não virá a vós; mas, se eu for, enviar-vo-lo-ei. E, quando ele vier, convencerá o mundo do pecado, e da justiça e do juízo (João 16.7,8).

Se eu lhe pedir que descreva o Pai celestial, você certamente me dará uma descrição. Se eu lhe pedir que diga o que Jesus fez por você, é provável que me dê uma resposta convincente. E se eu lhe perguntar sobre o lugar do Espírito Santo na sua vida...? Seus olhos perderão o brilho. Você limpará a garganta.

E logo ficará claro que, das três pessoas da Trindade, o Espírito Santo é a que menos compreendemos.

Talvez o erro mais comum que cometemos em relação ao Espírito seja o de considerá-lo um poder, e não uma pessoa; uma força sem identidade. Isso não é verdade. O Espírito Santo é uma pessoa.

> O mundo não pode receber [o Espírito Santo], porque não o vê nem o conhece; mas vós o conheceis, porque habita convosco, e estará em vós (Jo 14.17, grifos meus).

O Espírito Santo não é uma coisa. Ele é uma pessoa. [O grego possui formas pronominais específicas para coisas, mas João usa aqui a forma pessoal.] Ele possui conhecimento (1 Co 2.11). Possui vontade (1 Co 12.11). Possui uma intenção (Rm 8.27). Possui amor (Rm 15.30). Você pode mentir para Ele (At 5.3,4). Pode insultá-lo (Hb 10.29). Pode entristecê-lo (Ef 4.30).

O Espírito Santo não é uma força impessoal. Ele não é o espinafre do Popeye nem a onda do surfista. Ele é o Deus que o ajuda de dentro de você. Aliás, João o chama de Auxiliador.

Visualize um pai ajudando o filho a andar de bicicleta, e você terá um quadro parcial do Espírito Santo. O pai fica ao lado do filho. Ele empurra a bicicleta e a sustenta quando o garoto começa a tombar. O Espírito faz isso por nós; firma nosso passo e fortalece nossa passada. Diferente do pai, no entanto, Ele nunca se vai. Fica conosco até o final dos tempos.

Que faz o Espírito Santo?

Ele consola os salvos: "Se eu não for, o Consolador não virá a vós; mas, se eu for, enviar-vo-lo-ei" (Jo 16.7).

Ele convence os perdidos: "Quando ele vier, convencerá o mundo do pecado, e da justiça e do juízo" (Jo 16.8).

Ele transmite a verdade: "ainda tenho muito que vos dizer, mas vós não o podeis suportar agora. Mas, quando vier aquele

Espírito de verdade, ele vos guiará em toda a verdade" (Jo 16.12,13).

Será que João está dizendo que não precisamos do livro para marchar? Claro que não; ele auxiliou sua escrita. Emoção sem conhecimento é tão perigoso quanto conhecimento sem emoção. Deus procura um equilíbrio. "Deus é Espírito, e importa que os que o adoram o adorem em espírito e em verdade" (Jo 4.24).

O essencial é que você saiba que a música está dentro de você. "Se Cristo está em vós, o corpo, na verdade, está morto por causa do pecado, mas o espírito vive por causa da justiça" (Rm 8.10). Você não precisa de uma fórmula para ouvi-la. Não tenho um plano de quatro passos para ajudá-lo a conhecê-la. O que tenho é uma promessa de que o auxiliador viria para consolar, convencer e transmitir.

Portanto, pense nisso; você já foi consolado alguma vez? Será que alguma vez Deus lhe trouxe paz quando o mundo lhe trazia dor? Então você ouviu a música.

Já aconteceu de você se convencer do pecado? Já aconteceu de você sentir uma punhalada de tristeza por seus atos? Então, você foi tocado pelo Espírito Santo.

Ou será que você já compreendeu uma nova verdade? Viu um velho princípio de um novo jeito? A luz brilha. Seus olhos se abrem. "Ah, agora entendi." Já lhe aconteceu algo assim? Então, era o Espírito Santo conduzindo você a uma nova verdade.

O que você sabe? Ele já está trabalhando em sua vida.

A propósito, para os que passaram anos tentando fazer a obra de Deus, é uma ótima notícia. É muito mais fácil levantar as velas que remar. E é muito mais fácil fazer as pessoas marcharem quando Deus está tocando a música.

Eu sou o bom Pastor: o bom Pastor
dá a sua vida pelas ovelhas.
Mas o mercenário, e o que não é pastor,
de quem não são as ovelhas, vê vir o lobo,
e deixa as ovelhas, e foge; e o lobo as
arrebata e dispersa.

João 10.11,12

Eu sou o bom Pastor, e conheço
as minhas ovelhas, e das minhas ovelhas
sou conhecido. Assim como o Pai me
conhece a mim, também eu conheço
o Pai, e dou a minha vida pelas ovelhas.

João 10.14,15

06/02/2011

11

UM TIPO DIFERENTE DE HERÓI

O Deus que Conhece seu Nome

Eis um herói do oeste americano: o caubói.

Ele empina o cavalo fazendo-o parar à beira do precipício. Desloca seu peso na sela, cansado da trilha de gado. Um dedo empurra o chapéu para o alto da cabeça. Um movimento do lenço revela um rosto queimado ao sol.

Mil cabeças de gado passam por trás dele. Mil milhas de caminhada deitam-se à sua frente. Mil mulheres adorariam abraçá-lo. Mas ninguém o abraça. Ninguém o abraçará. Ele vive para conduzir o gado, e conduz o gado para viver. É honesto nos negócios e rápido no gatilho. Duro na montaria. Lento para falar. Seu melhor amigo é o cavalo, e sua força é a coragem.

Não precisa de ninguém. É um caubói. Um herói americano.

Eis um herói na Bíblia: o pastor.

Na superfície, é semelhante ao caubói. Ele, também, é austero. Dorme onde uivam os chacais e rondam os lobos. Nunca tem folga. Sempre alerta. Como o caubói, seu teto são as estrelas e os pastos, sua casa.

Mas aí terminam as semelhanças.

O pastor ama suas ovelhas. Não que o caubói não aprecie seu gado; ele simplesmente não conhece o animal. Nem quer conhecer. Você já viu algum retrato de um caubói acariciando uma vaca? Você já viu algum pastor cuidando de uma ovelha? Por que essa diferença?

Simples. O caubói leva o gado para à morte. O pastor leva as ovelhas para serem tosquiadas. O caubói quer a carne do gado. O pastor quer a lã das ovelhas. E assim, tratam de forma diferente os animais.

O caubói dirige o gado. O pastor lidera as ovelhas.

A manada tem uma dúzia de caubóis. O rebanho possui um pastor.

O caubói derruba, marca com ferro, conduz e laça. O pastor lidera, guia, alimenta e unge.

O caubói conhece o nome das trilhas. O pastor conhece o nome das ovelhas.

O caubói berra e grita com os bois. O pastor chama cada ovelha pelo nome.

Não estamos contentes por Cristo não se chamar Caubói de Deus? Mas alguns o vêem desse jeito. Um fazendeiro de rosto fechado, queixo quadrado, que vem do céu para levar sua igreja, contra a vontade dela, para lugares a que ela não quer ir.

Mas é uma imagem errada. Jesus se chamou o Bom Pastor. O Pastor que conhece suas ovelhas pelo nome e que dá a vida por elas. O Pastor que protege, alimenta e possui suas ovelhas. A Bíblia está repleta dessa idéia de Deus.

> "O Senhor é o meu pastor" (Sl 23.1).
>
> "Nós, teu povo e ovelhas de teu pasto" (Sl 79.13).
>
> "Ó Pastor de Israel, dá ouvidos; tu, que guias a José como a um rebanho" (Sl 80.1).

"Ele é o nosso Deus, e nós povo do seu pasto e ovelhas da sua mão" (Sl 95.7).

"Foi ele, e não nós, que nos fez povo seu e ovelhas do seu pasto" (Sl 100.3).

A figura é transportada para o Novo Testamento.

Ele é o pastor que arriscará a vida para salvar uma ovelha desviada (veja Lc 15.4).

Ele tem pena das pessoas porque são como ovelhas sem pastor (veja Mt 9.36).

Seus discípulos são seu rebanho (veja Lc 12.32).

Quando o pastor é atacado, as ovelhas se dispersam (veja Mt 26.31).

Ele é o pastor da alma dos homens (veja 1 Pe 2.25).

Ele é o grande pastor das ovelhas (veja Hb 13.20).

Oitenta por cento dos ouvintes de Jesus viviam da terra. Muitos eram pastores. Viviam nos planaltos com as ovelhas. Nenhum rebanho pastava sem pastor, e nenhum pastor tirava uma folga. Quando as ovelhas se desgarravam, o pastor as encontrava. Quando elas caíam, ele as carregava. Quanto se machucavam, ele as curava.

As ovelhas não são espertas. Têm uma propensão para entrar em corredeiras à procura de água, aí a lã fica pesada e elas se afogam. Precisam de um pastor que as conduza às "águas tranqüilas" (Sl 23.2). Elas não têm defesa natural — nada de garras, chifres nem presas. São indefesas. As ovelhas precisam de um pastor com uma "vara e o cajado" (Sl 23.4) para protegê-las. Elas não têm senso de direção. Precisam de alguém que as lidere "pelas veredas da justiça" (Sl 23.3).

É o que acontece conosco. Nós também temos a propensão de sermos levados por águas que devíamos evitar. Não temos defesa contra o leão mau que ruge, rondando a quem possa devorar. Nós também nos perdemos. "Todos nós andamos desgarrados como ovelhas; cada um se desviava pelo seu caminho" (Is 53.6).

Precisamos de um pastor. Não precisamos de um caubói que nos arrebanhe; precisamos de um pastor que cuide de nós e nos guie.

E temos um. Um que nos conhece pelo nome.

Não preciso lhe dizer por que isso é tão importante, não é? Você sabe. Como eu, você já deve ter passado por uma situação em que alguém esqueceu seu nome. Talvez alguma situação em que ninguém sabia quem você era — e, quem sabe, nem se importasse com isso.

Não faz muito tempo, minha assistente, Karen Hill, passou por uma cirurgia. Quando despertou na sala de recuperação, ouviu um paciente gemendo. Ela escutou uma enfermeira bem-intencionada consolando-o.

Acalme-se, Tom — disse ela. — Acalme-se.

Mas ele ainda gemia. A enfermeira voltou.

Está tudo bem, Tom. Enfrente a dor.

Ele ficou quieto por algum tempo, mas começou a gemer de novo.

Está tudo bem, Tom. Você vai ficar bom.

Finalmente o paciente falou. Com uma voz baixa, sofrida, ele disse:

Meu nome não é Tom.

Houve um momento de silêncio, enquanto a enfermeira pegava a prancheta. Então disse:

Está certo, Harry; está certo.

Nunca é fácil estar num lugar em que ninguém sabe o seu nome, mas poucos de nós conhecem isso como John Doe nº.

24. Sua história, conforme registrada pela Associated Press é a seguinte:

> DESCONHECIDO DESDE 1945,
> JOHN DOE LEVA O SEGREDO DELE
> PARA O TÚMULO
>
> JACKSONVILLE, ILL.

O mistério de John Doe nº. 24 sobreviveu a ele. Havia poucas pistas quando ele foi encontrado, vagando pelas ruas de Jacksonville, em 1945, adolescente surdo e cego.

Uma vez que era incapaz de falar e não encontraram seus parentes, foi colocado numa instituição. Passou a ser John Doe nº. 24 porque era o vigésimo quarto homem não-identificado na rede de saúde mental do estado. Os funcionários públicos acreditavam que estava com sessenta e seis anos quando morreu de ataque cardíaco na casa de repouso Sharon Oaks, em Peoria.

Os que cuidavam de John Doe pensam que a diabetes o fez perder a visão, e os registros indicam que ele sofria de grave retardamento. Mas os funcionários lembram-se de um homem orgulhoso, mais inteligente do que mostravam os testes padronizados. Lembram-se das pistas intrigantes de sua identidade — a maneira pela qual ele rabiscava "Lewis" e suas mímicas rudes imitando bares de jazz e desfiles de circos. "Pelas pantomimas, era bem evidente que tivera uma vida agitada no passado", explica Kim Cornwell, o assistente social responsável pelo caso. "Como meu avô, é provável que pudesse contar histórias divertidas. É que não conseguimos cavar o suficiente para alcançá-las"...

Ele tinha um chapéu de palha que adorava usar e levava a toda parte uma mochila com sua coleção de anéis, óculos e talheres. Nas festas de natal, ele dançava com as vibrações

> da música. No último natal, os funcionários compraram uma gaita para ele...
>
> Numa breve cerimônia ao lado do túmulo, em Jacksonville, uma mulher perguntou se alguém tinha alguma palavra para dizer. Ninguém tinha.[1]

Em algum lugar, na escuridão de John Doe nº. 24 havia uma história. Havia um nome. Havia lembranças de uma mãe que o abraçava, um pai que o carregava. Por trás daqueles olhos cegos havia olhos que podiam ver no passado, e tudo que podemos fazer é especular: *O que teriam visto? Um garoto com uma vara num rio lamacento? Um rapazinho de olhos arregalados, comendo pipoca num circo? Uma banda de jazz em New Orleans?*

Ninguém o saberá, nunca. Ninguém saberá porque ele nunca conseguiu contar. Ele nem conseguia dizer o próprio nome. E no dia em que morreu, ninguém tinha nenhuma palavra para dizer. O que dizer quando se enterra uma vida que ninguém conhece?

É fácil dizer, mas gostaria de haver estado lá. Eu abriria a Bíblia no décimo capítulo do Evangelho de João, e leria o versículo 3: "[Ele] chama pelo nome às suas ovelhas, e as traz para fora".

Não é verdade que ninguém sabia o nome daquele homem. Deus sabia... e sabe. E é errado dizer que ele nunca ouviu o próprio nome. Quem sabe quantas vezes Deus falou com ele ao longo dos anos? No silêncio. Em meio à escuridão. Quando dizemos que ele não ouvia, quem vai dizer que ele não estava ouvindo a única voz que importa?

O Bom Pastor conhece cada ovelha pelo nome. Ele não é um caubói, e nós não somos bois. Ele não nos marca com ferro, e não estamos seguindo para o mercado. Ele guia, alimenta e unge. E a Palavra afirma que Ele não descansará até que alcancemos nossa pátria.

E dou-lhes a vida eterna, e nunca
hão de perecer, e ninguém as arrebatará
da minha mão.

João 10.28

12

SEGURO EM SUAS MÃOS

O Deus que Não Permitirá que Você Caia

Gostaria de confessar uma queda. Venho mantendo-a em segredo há muito tempo. Não posso negar o tombo nem faltar com a verdade. Caí. Houve testemunhas da minha queda. Elas podem lhe contar. Foram gentis e não falaram para ninguém. Preocupadas com minha reputação, mantiveram o acontecido em segredo. Mas já vem sendo segredo há muito tempo. Chegou a hora de compartilhar meu erro.

Escorreguei quando acampava com a família.

Minhas filhas e eu resolvemos escalar um muro — um monte artificial para escaladas. O muro é feito de madeira, com fendas em alguns pontos, como as das rochas. Por questões de segurança, o escalador usa um cinto de proteção. O cinto é ligado a uma corda que passa por uma roldana no alto, e depois desce até as mãos de um guia que a segura enquanto o escalador sobe.

Resolvi tentar. O que é um muro de quinze metros para um escritor de meia-idade? Fiz um *positivo* com o dedão para o guia, e comecei. Na primeira metade da viagem, fui bem. Mas lá pelo meio, comecei a ficar cansado. Minhas mãos e pés não estão acostumados a escalar.

Faltando uns seis metros, comecei a duvidar honestamente que conseguisse. Pensei seriamente em pedir que o guia me içasse para completar o trecho que faltava. Meus dedos estavam machucados, minhas pernas começavam a tremer, e eu me arrependia de cada Big Mac que tinha comido, mas a idéia de me render desapareceu nos sorrisos de minhas filhas que já estavam lá em cima.

"Vamos, papai. Você vai conseguir!"

Dei, então, tudo o que tinha. Mas tudo o que tinha não foi suficiente. Meus pés escorregaram, minhas mãos escorregaram, e eu caí. Caí feio. Mas não por muito tempo. Meu guia estava firme, segurando a corda. Ele estava alerta e era forte, portanto minha queda só durou alguns segundos. Eu ricocheteava e balançava preso ao cinto, suspenso no ar. Todos os que estavam olhando soltaram um suspiro, e eu tomei fôlego e voltei a subir.

Sabe o que fiz quando cheguei ao topo? Você acha que eu me gabei? Acha que me vangloriei de ter vencido o muro? De jeito nenhum. Olhei para baixo, para quem me segurou na queda. "Obrigado, companheiro", disse-lhe. Não fiquei me felicitando nem levantei o punho, em triunfo. Não perguntei a todo mundo se tinha visto o meu feito. Fiz a única coisa certa: disse obrigado à pessoa que me segurou.

Ah, se todas as minhas quedas fossem tão simples. Tão breves. Tão inconseqüentes. Mas não o são. Sei que larguei muito mais que imitações de montanhas. Larguei promessas e convicções. Houve ocasiões em que meus dedos escorregaram das próprias rochas da verdade que tenho por tesouros. E nem posso lhe dizer quantas vezes eu esperava chegar ao topo, e me vi dependurado no ar, seguro por um par de mãos rasgadas pelos cravos.

"Tente de novo", incentiva Ele. E eu recomeço.

Você e eu estamos numa grande escalada. O muro é alto e as estacas, mais altas ainda. Você deu o primeiro passo no dia em que confessou que Cristo é o Filho de Deus. Ele lhe deu o cinto de segurança — o Espírito Santo. Em suas mãos, Ele colocou uma corda — sua Palavra.

Seus primeiros passos foram confiantes e fortes, mas, com a jornada, veio o cansaço e, com a altura, o medo. Você pisou em falso. Você perdeu o alvo. Você perdeu o controle e caiu. Por um momento, que pareceu durar uma eternidade, você girou desvairadamente. Sem controle. Sem autocontrole. Desorientado. Desprotegido. Caindo.

Mas então a corda se esticou, e você parou de girar. Ficou pendurado pelo cinto, e descobriu que Ele era forte. Agarrou-se à corda, e descobriu que era de confiança. Olhou para o guia, e descobriu Jesus segurando sua alma. Com uma confissão acanhada, você sorriu para Ele, e Ele sorriu para você, e a jornada recomeçou.

Agora você é mais esperto. Aprendeu a ir devagar. É cuidadoso. É cauteloso, mas também confiante. Você confia na corda. Conta com o cinto. E, mesmo não conseguindo ver o seu guia, você o conhece. Sabe que Ele é forte. Sabe que Ele consegue evitar que você caia.

E você sabe que está a poucos passos do topo. Portanto, faça o que fizer, não desista. Embora suas quedas sejam grandes, a força dEle é maior. Você conseguirá. Você verá o cume. Você chegará ao pico. E quando lá chegar, a primeira coisa que fará é juntar-se a todos os outros que fizeram a escalada, e cantar este versículo:

"Ora, àquele que é poderoso para vos guardar de tropeçar, e apresentar-vos irrepreensíveis, com alegria, perante a sua glória, ao único Deus, Salvador nosso, por Jesus Cristo, nosso Senhor, seja a glória, a majestade, domínio e poder, antes de todos os séculos agora, e para sempre. Amém" (Jd 24,25).

Levando ele às costas a sua cruz, saiu para o lugar chamado Caveira... Onde o crucificaram, e com ele outros dois, um de cada lado, e Jesus no meio.

João 19.17,18

11/06/2011

13

UMA HISTÓRIA DE CINDERELA

O Deus que Cedeu sua Beleza

Deus entre dois ladrões. O lugar exato em que Ele deseja estar.

Três homens em três cruzes, uma cena bem conhecida. Até mesmo os que só estudam ocasionalmente o Cristo estão familiarizados com o trio no monte da Caveira. Já meditamos em seus sofrimentos, e esboçamos suas faces e analisamos suas palavras.

Imaginemos a cena de outra perspectiva. Em vez de nos colocar no chão e olhar para cima, vamos nos colocar no trono de Deus e olhar para baixo. Que vê Deus? Qual a perspectiva do céu? Será que Deus vê a madeira e os pregos? Será que Deus presencia a carne rasgada e o sangue derramado? Será que os céus conseguem ouvir as batidas do martelo e o clamor das vozes?

Com certeza. Mas Deus vê muito mais. Ele vê seu Filho rodeado de pecado e os dois ladrões cobertos de pecado. Uma sombra paira sobre o espírito deles. A multidão encolhe-se ao ver o sangue na pele deles; os céus lamentam as trevas em seus corações. A terra lastima a condição de seus corpos. Os céus choram pela condição de suas almas.

Pergunto-me se podemos compreender o impacto de nosso pecado sobre o céu. Temos uma pista em Apocalipse 3.16, quando Jesus ameaça vomitar da boca a igreja morna. O pecado deles, desculpe a frase, fez Deus querer vomitar. O pecado causou-lhe não apenas um desgosto, mas nojo.

Você já não sentiu o mesmo? Já não presenciou o horror dos atos humanos, desejando vomitar? No jornal da noite passada, havia uma reportagem sobre um garoto de dez anos que, segundo diziam, havia sido queimado pelo pai. O homem encheu a camiseta do menino com papel, jogou fluido de isqueiro nele e ateou fogo. Por quê? Porque o menino tinha pegado alguns vales de comida do pai.

Uma história dessas não o deixa enojado? Não o deixa bravo? E se nós, que somos também pecadores, temos tal reação, como seria a de um Deus santo? Afinal, é a sua lei que está sendo quebrada. Seus filhos sendo ultrajados. Sua palavra sendo desconsiderada.

Sua santidade sendo insultada.

A pergunta não é: "Deus não podia ter fechado os olhos para o pecado?" A pergunta é: "Como é que o perdão pode ser uma opção?" A questão não é saber por que Deus tem dificuldade em perdoar, mas saber como Ele acha possível perdoar.[1]

Pelo ângulo divino, a tragédia desses homens não era que estavam prestes a morrer, mas que estavam para morrer com pecados não resolvidos. Estavam deixando esta terra em hostilidade para com Deus, rejeitando sua verdade e resistindo ao seu chamado. "O ser humano torna-se inimigo de Deus quando a sua mente é controlada pela natureza humana" (Rm 8.7, BLH). Pecado não é um escorregão infeliz ou um ato deplorável; é uma postura de rebeldia contra o Deus santo.

É assim que os céus vêem.

A figura na cruz do centro, entretanto, não possui tal sombra de pecado. Quando viveu sobre a terra, Jesus "em tudo foi tentado, mas sem pecado" (Hb 4.15). Sem manchas. Sem egoísmo. Mesmo numa cruz de pecadores, a santidade de Jesus ilumina os céus.

O primeiro criminoso lê a inscrição que identifica Jesus como o rei dos judeus. Ele ouve Jesus orar por aqueles que o estão matando. Alguma coisa na presença do carpinteiro convence-o de que está na presença de um rei.

O outro ladrão tem opinião diferente.

Se és o Cristo, salva-te a ti mesmo, e a nós — (Lc 23.39).

Você acha que um homem à beira da morte usaria sua energia para outra coisa que não fosse injuriar. Esse não. As trevas em seu coração são tão pesadas que, até sofrendo, ele zomba.

De repente, alguém lhe diz:

Tu nem ainda temes a Deus, estando na mesma condenação? — é a voz do primeiro criminoso. — E nós, na verdade, com justiça, porque recebemos o que os nossos feitos mereciam; mas este nenhum mal fez — (Lc 23.40,41).

Finalmente alguém está defendendo Jesus. Pedro fugiu. Os discípulos esconderam-se. Os judeus acusaram. Pilatos lavou as mãos. Muitos podiam falar em favor de Jesus, mas ninguém disse nada. Até agora. Palavras gentis dos lábios de um ladrão. Ele faz seu pedido:

Senhor, lembra-te de mim, quando entrares no teu reino — (Lc 23.42).

O Salvador volta a cabeça pesada para o filho pródigo e promete:

Digo que hoje estarás comigo no Paraíso — (Lc 23.43).

Para os que estavam junto à cruz, o diálogo era curioso. Mas para os que estavam junto ao trono, o diálogo era ultrajante. Eles não conseguiam imaginar aquilo. Como o ladrão viria ao paraíso? Como uma alma manchada de pecado iria ao céu? Como um pecador podia ser salvo? Estavam por ver.

Será que algum anjo se comoveu, um demônio se agitou quando viram a oração sendo respondida? Os pecados do ladrão (e todos nós roubamos!) saem deste e vão para Jesus. Primeiro, manchas minúsculas, depois flocos maiores e, por fim, placas de sujeira. Cada pensamento mau. Cada ato vil. As tolices do ladrão. Seus xingamentos. Sua cobiça. Seu pecado. Todos agora cobrem Jesus Cristo. Aquilo que enoja Deus agora recobre seu filho.

No mesmo instante, a pureza de Jesus eleva-se e cobre o ladrão à morte. Um manto de brilho embrulha sua alma. Assim como o pai vestiu o pródigo, Cristo agora cobre o ladrão. Não apenas com um manto limpo, mas com a própria pessoa de Jesus! "Porque todos quantos fostes batizados em Cristo já vos revestistes de Cristo" (Gl 3.27).

O único sem pecado enche-se de pecado. O que estava cheio de pecado torna-se imaculado.

É a mais bizarra das transações da eternidade. Paulo a explica da seguinte forma: "Cristo nos resgatou da maldição da lei, fazendo-se maldição por nós" (Gl 3.13).

Quando vê o pecado, Deus, sendo justo, precisa ou infligir castigo ou assumi-lo. Deus escolheu a última. Na cruz, "Deus estava em Cristo reconciliando consigo o mundo" (2 Co 5.19).

Sei que João afirma que Jesus estava carregando a sua própria cruz enquanto subia o monte, mas não estava. Ele carregava a nossa cruz. A única razão pela qual Ele carregava a cruz éramos nós, ladrões e criminosos. "Aquele que não conheceu pecado, o fez pecado por nós; para que nele fôssemos feitos justiça de Deus" (2 Co 5.21). Não foi a morte dEle que Ele sofreu; foi a nossa.

Uma linda ilustração disso me chegou quando eu ainda estava escrevendo este capítulo. Enquanto compunha os dois parágrafos acima, recebi um telefonema de um amigo chamado Kenny. Ele e sua família acabavam de voltar da Disney World. "Vi uma coisa que nunca vou esquecer", disse ele. "Quero contar para você."

Ele e a família estavam dentro do castelo da Cinderela. Estava lotado de crianças e pais. De repente, todas as crianças correram para um lado. Fosse um barco, o castelo teria virado. A Cinderela havia entrado.

Cinderela. Uma princesa pura. Kenny disse que ela estava caracterizada de maneira perfeita. Uma jovem deslumbrante com cada fio de cabelo no lugar, pele impecável e sorriso radiante. Ela ficou rodeada da cintura para baixo, num jardim de crianças, cada uma querendo tocá-la e ser tocada por ela.

Por algum motivo, Kenny virou-se e olhou para o outro lado do castelo. Estava agora vazio, exceto por um menino de sete, talvez oito anos de idade. Era difícil determinar-lhe a idade, por causa da deformação de seu corpo. Anão, quanto ao tamanho, rosto disforme, ele ficou olhando quieto, tristonho, segurando a mão de um irmão mais velho.

Você sabe o que ele queria? Ele queria estar com as crianças. Ansiava por estar no meio da garotada, tentando alcançar Cinderela, gritando o nome dela. Mas dá para você perceber seu medo, medo de outra rejeição? Medo de ser zombado de novo, ridicularizado de novo?

Você não queria que Cinderela fosse até ele? Sabe de uma coisa? Ela foi!

Ela percebeu o garotinho. De imediato, começou a andar em sua direção. Avançando firme, mas com delicadeza, por entre a multidão de crianças, finalmente viu-se livre. Cruzou rapidamente a sala, ajoelhou-se para ficar da altura do menino atordoado, e o beijou no rosto. "Achei que você ia gostar da história", disse-me Kenny. Gostei. Ela me fez lembrar da pessoa que você e eu estávamos estudando. Os nomes são diferentes, mas a história não é quase igual? Em vez de uma princesa da Disney, estamos pensando no Príncipe da Paz. Em vez de um menino no castelo, vimos um ladrão numa cruz. Em ambos os casos, deu-se um presente. Em ambos os casos distribuiu-se amor. Em ambos os casos, a pessoa atraente fez um gesto indescritível.

Mas Jesus fez mais que a Cinderela. Ah, muito mais.

Cinderela deu apenas um beijo. Quando se levantou para sair, ela levou a beleza consigo. O menino continuou deformado. E se a Cinderela tivesse feito o que fez Jesus? E se assumisse o estado daquele garoto? E se, de alguma forma, ela lhe desse sua beleza e assumisse a deformidade dele?

É o que Jesus fez.

"Ele tomou sobre si as nossas enfermidades, e as nossas dores levou sobre si... Ele foi ferido por nossas transgressões, e moído pelas nossas iniqüidades: o castigo que nos traz a paz estava sobre ele, e pelas suas pisaduras fomos sarados" (Is 53.4,5).

Não se engane:

Jesus deu mais que um beijo — Ele deu sua beleza.

Ele pagou mais que uma visita — Ele pagou por nossos erros.

Ele tomou mais que um minuto — Ele tomou nossos pecados.

Jesus tomou os pães e, havendo dado graças, repartiu-os pelos discípulos, e os discípulos pelos que estavam assentados; e igualmente também os peixes, quanto eles queriam.

João 6.11

12/06/2011

12/06/2011

14

O PREGADOR DAS MÁS NOTÍCIAS

O Deus da Fé Obstinada

Não gostei do pregador que sentou ao meu lado no avião. Eu sei, eu sei. Você deve amar todas as pessoas, mas esse sujeito...

Para começar, ele pegou a poltrona vizinha à minha. Eu esperava que ela permanecesse vaga. O avião estava lotado. Era uma tarde de domingo, e eu estava cansado dos cultos da manhã. Eu ia falar em Atlanta à noite, e planejava tirar uma soneca durante o vôo.

Mas esse sujeito tinha outras idéias. Apesar de ter sido designado para outra poltrona, ele tomou a do meu lado porque estava mais à frente. E, quando a tomou, tomou cada milímetro dela, e mais alguns. Desculpe, mas sou bem territorial em relação a braços de poltronas. Esse sujeito se apossou do braço entre nós e não largou sua posição.

Sabendo que não ia conseguir dormir, imaginei que poderia rever minhas idéias para a lição da noite, então abri a Bíblia.

O que você está estudando aí, amigo?

Respondi-lhe, mas não estava disposto a ouvir.

A igreja está perdida — declarou. — Acovardada e presa ao inferno.

Acontece que ele é evangelista. Fala a cada fim-de-semana numa igreja diferente.

Eu os acordo — rosna. — Os crentes estão dormindo. Não oram. Não amam. Não ligam.

Com esse pronunciamento, ele continuou em tom e ritmo de pregação, e começou a alistar os defeitos e as fraquezas da igreja:

Muita preguiça, aí; muito rica, ali; muito estragada, acolá; muito gorda, alhures...

O pessoal em volta começa a prestar atenção, e meu rosto começa a ficar vermelho. Não devia deixar esse bichinho me picar, mas deixei. Sou desses sujeitos que nunca sabem o que dizer na hora, e depois passam a semana inteira pensando: *Ah, devia ter dito aquilo.*

Bem, passei os últimos dias pensando nisso, e eis o que gostaria de ter dito ao pregador de más notícias: A fidelidade de Deus jamais dependeu da fidelidade de seus filhos. Ele é fiel, mesmo quando não o somos. Quando nos falta coragem, Ele tem. Ele fez história usando pessoas apesar das pessoas.

Você precisa de um exemplo? O alimento dado aos cinco mil. É o único milagre, fora os da última semana, registrado em todos os quatro evangelhos. Por que todos os escritores consideraram importante repeti-lo? Talvez conhecessem alguns pregadores como o que sentou ao meu lado. Talvez quisessem mostrar como Deus não desiste, mesmo quando seu povo desiste.

O dia começa com a notícia da morte de João Batista. Continua com os discípulos retornando de uma pequena viagem missionária. Seguindo os discípulos, há cinco mil homens e suas famílias. Jesus tenta afastar-se da multidão, atravessando o mar, mas acaba descobrindo que ela o espera do outro lado. Ele queria prantear sozinho, mas, em vez disso, está rodeado de pessoas. Queria passar um tempo apenas com os discípulos, mas, em vez disso, tem uma multidão. Queria um tempo para pensar, mas, em vez disso, precisa enfrentar pessoas.[1]

Ele passa um tempo ensinando-as e depois volta-se para Filipe e pergunta: "Onde compraremos pão, para estes comerem?" (Jo 6.5). Lembre-se de que Filipe estivera expulsando demônios e curando doentes (Mc 6.13). Esperávamos que ele fosse otimista. Um pouquinho de fé seria bom. Afinal, havia passado várias semanas vendo o impossível acontecer.

Mas o que Filipe responde agora? Parece o pregador que encontrei no avião. Ele sabe do problema, mas não tem nenhuma pista para solucioná-lo. "Teríamos de trabalhar um mês para comprar pão suficiente para cada pessoa ganhar um pedacinho" (Jo 6.7).

Ele consegue citar as estatísticas, mas não consegue ver um jeito de ajudar. Ele consegue mastigar os números, mas não consegue montar a resposta. E embora a resposta à oração esteja ao lado dele, ele nem chega a orar.

Igualmente perturbador é o silêncio dos outros discípulos. São otimistas? Leia as palavras deles e veja por si mesmo: "O lugar é deserto, e o dia está já muito adiantado; despede-os, para que vão aos lugares e aldeias circunvizinhas, e comprem pão para si; porque não têm o que comer" (Mc 6.35,36).

Vamos lá, gente. Que tal um pouco de fé? "Você consegue alimentá-los, Jesus. Nenhum desafio é grande demais para você. Já o vimos curar doentes e levantar mortos; sabemos que pode alimentar a multidão".

Mas não foi o que disseram. Se a fé é uma vela, esse pessoal está nas trevas.

Jamais tinha ocorrido aos discípulos deixar o problema com Jesus. Só André teve essa idéia, mas sua fé também era pequena. "Está aqui um rapaz que tem cinco pães de cevada e dois peixinhos: mas que é isto para tanta gente?" (Jo 6.9).

André pelo menos chega para Jesus com uma idéia. Mas não vem com muita fé. Aliás, seria difícil encontrar alguma fé naquele dia, nos montes.

Filipe estava desconfiado.

André estava duvidoso.

Os outros discípulos, negativos.

O pregador que encontrei no vôo ficaria muito à vontade com aquele pessoal. Olhe para eles: Não estão orando, não estão crendo, não estão procurando uma solução. Se estão fazendo alguma coisa, estão dizendo a Cristo o que Ele deve fazer: "Mande o povo embora" (Mc 6.36). Um tanto mandões, não acha?

Parece que os discípulos estão "acovardados e presos ao inferno". Parece que estão "muito preguiçosos; muito ricos; muito estragados; muito gordos". Mas vou deixar claro. Concordo com o pregador que a Igreja está fraca. Quando ele deplora a condição dos santos, eu posso cantar o segundo verso. Quando lamenta a saúde de muitas igrejas, não discuto.

Mas quando proclama que estamos indo para o inferno numa cesta, discordo! Simplesmente acho que Deus é maior que nossas fraquezas. Aliás, acho que são as nossas fraquezas que revelam a grandeza de Deus. Ele pronuncia outra frase contundente: "O meu poder se aperfeiçoa na fraqueza" (2 Co 12.9). A alimentação dos cinco mil é um exemplo sob medida. A cena responde a pergunta: Que faz Deus quando seus filhos estão fracos?

Se Deus algum dia precisou de uma desculpa para largar mão de seu povo, aqui estava uma. Com certeza, Deus baniria aqueles seguidores até que aprendessem a crer.

É isso o que ele faz? Você decide. "E Jesus tomou os pães e, havendo dado graças, repartiu-os... pelos que estavam assentados; e igualmente também os peixes, quanto eles queriam" (Jo 6.11).

Quando os discípulos não oraram, Jesus orou. Quando os discípulos não viram a Deus, Jesus buscou a Deus. Quando os discípulos estavam fracos, Jesus foi forte. Quando os discípulos não tinham fé, Jesus teve fé. Ele agradeceu a Deus.

Pelas multidões? Pelo alvoroço? Pelo cansaço? Pela falta de fé dos discípulos? Não, Ele agradeceu a Deus pelo cesto de pão. Ele não se importou com as nuvens, encontrou os raios de luz, e agradeceu a Deus por eles.

Veja o que ele faz em seguida. "Partindo os pães, deu-os aos discípulos, e os discípulos à multidão" (Mt 14.19).

Em vez de punir os discípulos, Ele os emprega. Lá vão eles, distribuindo o pão que não pediram, desfrutando a resposta da oração que nem fizeram. Se Jesus tivesse agido de acordo com a fé dos discípulos, as multidões teriam ficado sem comida. Mas ele não fez isso, e não faz isso. Deus é fiel a nós, mesmo quando o esquecemos.

As bênçãos de Deus são distribuídas de acordo com as riquezas da sua graça, não de acordo com a profundidade de nossa fé. "Se formos infiéis, ele permanece fiel: não pode negar-se a si mesmo" (2 Tm 2.13).

Por que é importante saber? Para você não ficar desconfiado de nada. Olhe ao seu redor. Há mais bocas que pão? Mais feridas que médicos? Mais pessoas que precisam da verdade que pessoas para transmiti-la? Mais igrejas adormecidas que igrejas em fogo?

Então, que fazer? Lavar as mãos e ir embora? Dizer ao mundo que não podemos fazer nada? É o que os discípulos queriam fazer. Será que devíamos simplesmente desistir da Igreja? Ao que parece, essa era a opção do pregador que encontrei no avião.

Não, não desistimos. Olhamos para cima. Confiamos. Cremos. E nosso otimismo não é vazio. Cristo tem se provado digno. Já mostrou que nunca falha, embora não haja mais que falhas em nós.

É provável que eu nunca mais veja o proclamador do pessimismo, mas quem sabe você o veja. Caso o encontre, será que pode lhe dar um recado?

Deus é fiel mesmo quando seus filhos não são.

É isso que faz com que Deus seja Deus.

Jesus operou também em presença de
seus discípulos muitos outros sinais,
que não estão escritos neste livro. Estes,
porém, foram escritos para que creiais
que Jesus é o Cristo, o Filho de Deus,
e para que, crendo, tenhais vida
em seu nome.

João 20.30

12/06/2011

15

A TESTEMUNHA FINAL

O Deus que Prova seu Argumento

João não nos conta tudo o que Jesus fez. Mas nos conta os atos que nos conduzirão à fé. João seleciona sete milagres. Ele começa suavemente, com o milagre silencioso da água transformada em vinho e, num crescendo, chega à ressurreição pública de Lázaro. Sete milagres são oferecidos, e sete depoimentos são examinados, cada um construído sobre o depoimento anterior.

Vejamos se conseguimos sentir todo o impacto deles.

Pense que você está numa corte, numa corte quase vazia. Estão presentes quatro pessoas: um juiz, um advogado, um órfão e o candidato a tutor. O juiz é Deus. Jesus é o que pretende ser tutor. E você, o órfão. Você não tem nome, não tem herança, não tem casa. O advogado está propondo que você seja colocado sob a guarda de Jesus.

Quem é o advogado? Um pescador galileu de nome João.

Ele apresentou seis testemunhas à corte. Chegou a hora da sétima. Mas antes de chamá-la à frente, o advogado recapitula o caso.

Começamos esta defesa com o casamento em Caná.

Caminha enquanto fala, mede cada palavra.

Eles não tinham vinho, nada. Mas quando Jesus falou, a água tornou-se vinho. O melhor vinho. Vinho delicioso. Os senhores ouviram o depoimento dos que estavam no casamento. E viram o que aconteceu.

Faz uma pausa, depois continua.

Em seguida ouvimos as palavras do oficial estrangeiro. O filho dele estava quase morto.

Você concorda com a cabeça. Lembra-se do depoimento do homem. Bem articulado, ele havia contado como chamara todos os médicos e tentara todos os tratamentos, mas nada salvara o filho. Quando já estava perdendo as esperanças, alguém lhe falara de um galileu que promovia curas.

Com seu sotaque forte, o dignitário explicara:

Eu não tinha escolha. Fui a ele desesperado. Vejam. Vejam o que o Mestre fez por meu filho.

O menino se levantara, e você o havia examinado com os olhos. Era difícil acreditar que aquele garoto estivera à beira da morte.

Você ouve, compenetrado, quando João continua:

E, meritíssimo, não se esqueça do aleijado, perto do tanque. Passou trinta e oito anos sem andar. Mas quando Jesus chegou... bem, a corte viu. Lembram-se? Nós o vimos entrar caminhando nesta sala. Ouvimos sua história. E, como se não fosse suficiente, também ouvimos o depoimento do menino com o lanche. Ele fazia parte da multidão de milhares que seguiam a Jesus para ouvir seus ensinos e ver suas curas. Bem na hora em que o menino ia abrir a cesta para comer, pediram que ele o levasse para Jesus. Num primeiro momento, ele carregava um lanche, no instante seguinte, carregava uma festa.

João faz nova pausa, deixando falar o silêncio da corte. Ninguém consegue negar esses depoimentos. O juiz ouve. O advogado ouve. E você, o órfão, nada diz.

Depois houve a tempestade. Pedro a descreveu para nós. O barco sendo jogado pelas ondas. Trovões. Relâmpagos. Tempestades daquele tipo podem matar. Eu sei. Eu trabalhava com um barco! O depoimento de Pedro sobre o que aconteceu é verdadeiro. Eu estava lá. O Mestre andou sobre a água. E no momento em que pisou no barco, estávamos salvos.

João faz nova pausa. A luz do sol, recortada por uma janela, forma uma moldura no chão. João se coloca dentro da moldura.

Então, ontem, os senhores se defrontaram com um homem que nunca havia visto a luz. Seu mundo era escuro. Negro. Ele era cego. Cego de nascença.

João pára e, de forma dramática, declara o que o cego de nascença dissera:

Jesus curou meus olhos.

Seis depoimentos foram dados. Seis milagres foram examinados. João aponta para a mesa onde estão as provas: A jarra de água que recebeu o vinho. O atestado do médico que havia tratado o garoto doente. A maca do aleijado, a cesta do menino. Pedro trouxera um remo quebrado para mostrar a força da tempestade. E o cego deixara o copo e a vara. Já não precisava mendigar.

E agora — diz João, voltando-se para o juiz, — temos a testemunha final e mais uma prova para submeter ao exame dos senhores.

Vai até sua mesa, e volta com um lençol branco de linho. Você se inclina para a frente, sem saber o que ele está segurando.

Isto é uma mortalha — explica.

Colocando o tecido sobre a mesa, solicita:

Meritíssimo, com sua permissão, chamo nossa última testemunha para a corte, Lázaro de Betânia.

Abrem-se as portas pesadas da corte, e entra um homem alto. Ele caminha pelo corredor e pára diante de Jesus o tempo suficiente para colocar a mão sobre seu ombro e dizer:

Obrigado.

Pode-se ouvir a ternura em sua voz. Lázaro, então, volta-se e toma o lugar no banco das testemunhas.

Dê seu nome à corte.

Lázaro.

O senhor já ouviu de um homem chamado Jesus de Nazaré?

Quem não ouviu?

Como o senhor o conheceu?

É meu amigo. Nós, minhas irmãs e eu, temos uma casa em Betânia. Quando Ele vem a Jerusalém, costuma ficar conosco. Minhas irmãs, Maria e Marta, também passaram a crer nEle.

Crer?

É, crer que Ele é o Messias. O Filho de Deus.

Por que o senhor crê nisso?

Lázaro sorri.

Como não creria? Eu estava morto. Eu estava morto havia quatro dias. Eu estava no túmulo. Oraram por mim e me sepultaram. Mas Jesus me chamou para fora do túmulo.

Conte-nos o que aconteceu.

Bem, sempre fui meio doente. É por isso que fiquei com minhas irmãs, o senhor sabe. Meu coração nunca foi muito forte, por isso precisava tomar cuidado. Marta, minha irmã mais velha, ela..., bem, ela é como mãe para mim. Foi Marta que chamou Jesus quando meu coração falhou.

Foi então que o senhor morreu?

Não, mas quase. Sobrevivi alguns dias. Mas eu sabia que o fim estava chegando. Os médicos só entravam, balançavam a cabeça e saíam. Estava com um pé na cova.

Foi então que Jesus veio?

Não, ainda tínhamos esperança de que viesse. Marta sentava-se perto da cama à noite, falando baixinho várias vezes: "Seja forte, Lázaro. Jesus chega a qualquer momento". Só sabíamos que Ele chegaria. Quer dizer, Ele tinha curado todos aqueles estranhos; com certeza me curaria. Eu era amigo dEle.

O que o atrasou?

A causa do atraso, não sabíamos. Pensei que estivesse preso ou algo parecido. Continuei esperando, esperando. Cada dia eu ia piorando. Minha vista se apagou, eu não conseguia enxergar. Eu me arrastava de um lado para outro. Toda vez que alguém entrava no meu quarto, achava que era Ele. Mas nunca era. Ele não veio.

Você ficou bravo?

Mais confuso que bravo. Simplesmente não entendia.

E o que aconteceu?

Bem, uma noite eu acordei. Meu peito estava tão apertado que mal conseguia respirar. Devo ter-me sentado porque Marta e Maria chegaram perto da cama. Elas pegaram na minha mão. Ouvi que elas chamavam meu nome, mas aí eu comecei a cair. Era como um sonho: eu estava caindo, girando rapidamente no ar. As vozes foram se apagando, se apagando até que sumiram. Parei de rodar, parei de cair. E parou de doer. Eu estava em paz.

Em paz?

Como se estivesse dormindo. Descansando, tranqüilo. Estava morto.

E o que aconteceu?

Bom, Marta pode contar os detalhes. O funeral foi marcado. A família veio. Os amigos viajaram de Jerusalém. Fui sepultado.

Jesus foi ao enterro?

Não.

Ele ainda não estava lá?

Não, quando Ele ouviu que eu tinha morrido, esperou mais quatro dias.

Por quê?

Lázaro parou e olhou para Jesus.

Para conseguir o que queria.

João sorriu.

O que aconteceu em seguida?

Ouvi a voz dEle.

Mas pensei que o senhor estivesse morto.

E estava.

Eu, ahn..., pensei que o senhor estivesse sepultado.

E estava.

Como é que uma pessoa morta e enterrada escuta a voz de um homem?

Não escuta. Os mortos só ouvem a voz de Deus. Eu ouvi a voz de Deus.

O que Ele falou?

Ele não falou, gritou.

O que Ele gritou?

Lázaro, venha para fora!

E você ouviu?

Como se Ele estivesse no túmulo comigo. Meus olhos se abriram; meus dedos se moveram. Levantei a cabeça. Estava vivo de novo. Ouvi a pedra sendo empurrada. A luz penetrou. Precisei de um tempo para meus olhos se acostumarem.

O que o senhor viu?

Um círculo de rostos olhando para mim.

Que fez então?

Eu me levantei, Jesus me deu a mão e me puxou para fora. Ele mandou o pessoal me arranjar umas roupas, e eles o fizeram.

Então o senhor morreu, ficou quatro dias no túmulo até que Jesus o chamasse de volta à vida? Há testemunhas desse fato?

Lázaro dá um leve sorriso.

Só umas cem pessoas.

É só, Lázaro, obrigado. O senhor pode descer.

João volta-se para o juiz.

O senhor ouviu as testemunhas. Deixo agora a decisão em suas mãos.

Dito isso, ele retorna à mesa e se assenta. O guardião se levanta. Ele não se identifica. Não é preciso. Todos o reconhecem. É Jesus Cristo.

A voz de Jesus enche o ambiente.

Represento um órfão que é a soma de tudo o que os senhores ouviram. Assim como a festa sem vinho, ele não tem motivo para festejar. Como o filho do dignitário, essa criança é espiritualmente doente. Como o aleijado e o mendigo, ele não consegue andar e é cego. Ele está com fome, mas a terra não tem comida para alimentá-lo. Ele enfrenta tempestades tão severas quanto a da Galiléia, mas a terra não tem uma bússola para guiá-lo. E, acima de tudo, ele está morto. Exatamente como Lázaro. Morto. Espiritualmente morto. Farei por ele o que fiz pelos outros. Vou lhe dar alegria, força, cura, visão, segurança, alimento, nova vida. Darei tudo a ele, caso o senhor o permita.

O juiz dá sua resposta:

Tu és meu filho amado, em ti me tenho comprazido (Lc 3.22).

— Deus olha para você. — Eu permito — diz ele, — sob uma condição: que o órfão o peça.

João apresentou as testemunhas.

As testemunhas contaram suas histórias.

O Mestre ofereceu-se a fazer por você o que fez pelos outros. Ele trará vinho para sua mesa, visão para seus olhos, firmeza para seus passos e, acima de tudo, poder sobre sua sepultura. Ele fará por você o que fez por eles.

O Juiz deu sua bênção. O descanso está à sua espera.

Agora, a escolha é sua.

NOSSA ESCOLHA

De um lado, posta-se a multidão.
Zombando.
Atormentando.
Reclamando.

De outro, posta-se um camponês.
Lábios inchados.
Olho deformado.
Promessa elevada.

Um promete aceitação,
outro, uma cruz.
Um oferece prazer e luz,
outro oferece fé.

A multidão desafia: "Siga-nos, e se enquadre".
Jesus promete: "Siga-me, e fique fora".

Ela promete agradar.
Deus promete salvar.

Uma bacia de água?
Ou o sangue do Salvador?

Deus olha para você e pergunta...
Qual será sua escolha?

Na verdade, na verdade te digo que aquele que não nascer de novo, não pode ver o reino de Deus.

João 3.3

16

PELO AVESSO

Nascido Uma Vez ou Duas?

Dois filhos de um rei levaram uma pergunta ao pai:

O cavalheiro é formado ou já nasce feito?

O que vocês acham? — replicou ele.

Acho que o cavalheiro já nasce cavalheiro — respondeu um dos filhos.

Discordo — retrucou o outro. — O homem torna-se cavalheiro por meio do treinamento e da disciplina.

O rei olhou para os filhos, e lançou-lhes um desafio:

Provem suas idéias apresentando-me um exemplo. Dou uma semana para cada um voltar com provas que justifiquem a opinião de vocês.

E assim os dois filhos partiram em direção oposta. O filho que acreditava que o cavalheiro era formado, não nascia feito, encontrou sua prova numa taberna. Ele havia pedido uma xícara de chá e ficou maravilhado quando percebeu que o copeiro era um gato. O gato havia sido treinado para ficar em pé sobre as patas traseiras e carregar a bandeja com as dianteiras. Ele usava um uniforme minúsculo, e provava que uma criatura podia superar sua natureza por meio do treinamento e da disciplina.

O primeiro filho tinha seu exemplo. Se um gato pode ser mudado, por que não um homem? Assim, o príncipe adquiriu o animal e o levou para a corte.

O outro filho não foi tão feliz. Ele procurou por todo o reino, mas não conseguiu encontrar nenhuma base para sua teoria. Voltou para casa de mãos vazias. E pior, haviam vazado informações sobre a descoberta do irmão. Os boatos sobre um gato que andava feito gente fizeram-no duvidar de suas próprias convicções. Mas então, poucas horas antes de os dois comparecerem diante do rei, ele viu, exposta numa loja, uma coisa que o fez sorrir.

Fez a compra, mas não contou a ninguém.

Os dois filhos entraram na corte do rei, cada um com uma caixa. O primeiro filho anunciou que conseguia provar que um homem poderia sobrepor qualquer obstáculo, tornando-se cavalheiro. Enquanto o rei observava, o filho apresentou o gato que, vestido com uma miniatura de vestes da corte, ofereceu ao rei uma travessa de chocolates.

O rei ficou atordoado; o filho, orgulhoso; e a corte irrompeu em aplausos. Que prova excelente! Quem negaria o argumento de um gato andando feito gente? Todos ficaram com pena do segundo filho. Mas ele não desanimou. Com uma reverência diante do rei, abriu a caixa que havia trazido, soltando vários ratos na corte. Na mesma hora, o gato disparou atrás dos ratos.[1]

Revelou-se a verdadeira natureza do gato, e a tese estava provada. Um gato que anda como homem continua sendo um gato. Você pode trocar as roupas dele. Você pode ensinar-lhe truques. Pode dar-lhe um chapéu, e ensiná-lo a andar como os homens. E, por um tempo, parecerá que está mudado. Mas apresente-lhe algo a que não possa resistir, e você presenciará uma verdade inegável — um gato que anda como gente ainda é um gato.

O mesmo acontece com as pessoas. Podemos trocar de roupa. Podemos trocar nossos hábitos. Podemos trocar nosso vocabulário, o nível de nossas leituras, até nossa atitude. Mas, de acordo com a Bíblia, há uma coisa que não podemos trocar — nossa natureza pecaminosa.

A sociedade concordaria com o primeiro filho. Ela diz: mude o exterior que o interior mudará. Dê educação, treinamento, hábitos corretos e a disciplina certa, e a pessoa muda. Ah, nós tentamos. E como tentamos. Compramos roupas. Perseguimos diplomas, prêmios, realizações.

Dizemos aos nossos filhos. *Faça alguma coisa na vida.*

Dizemos aos nossos empregados. *Faça as coisas de modo a sentir-se melhor.*

Dizemos para os desanimados. *Tente, tente de novo.*

Até dizemos aos membros de nossas igrejas. *Venham à igreja, e vocês terão uma atitude melhor.*

Mas arranque o verniz, tire as vestimentas, remova a maquiagem e, por baixo de tudo, veja nossa verdadeira natureza — um coração egoísta, orgulhoso, pecador. Traga os ratos, e veja o que acontece.

Ninguém o descreve melhor que Paulo. Ouça sua confissão:

> Percebo que não tenho o que preciso. Posso desejar fazer, mas não consigo fazê-lo. Resolvo fazer o bem, mas não o faço de fato; resolvo não fazer o mal, mas o faço de todo jeito. Minhas decisões, sejam quais forem, não resultam em ação. Alguma coisa está errada bem no fundo de mim e todas as vezes me rouba o melhor de mim.

Isso acontece com tanta freqüência que se tornou previsível. No momento que resolvo fazer o bem, o pecado chega para me fazer tropeçar. Tenho, mesmo, prazer nos mandamentos de Deus, mas fica bem evidente que não são todas as partes de mim que têm o mesmo prazer. Partes de mim se rebelam às escondidas e, quando menos espero, assumem o comando.

Já tentei de tudo e nada resolve. Estou no fim da linha. Será que alguém pode fazer alguma coisa por mim? Não seria esse o verdadeiro problema? (Rm 7.18-24)[2]

Paulo está dizendo que não importa o que eu faça, o quanto eu me esforce, o quanto eu me empenhe, ainda continuo pecando contra Deus. Podem pôr roupas em mim, ensinar-me a andar sobre as patas traseiras, levar-me à própria presença do rei, mas se alguns ratos atravessam meu caminho... *BOOM!* A realidade aparece.

Perco a razão,
Esqueço meus alvos,
Exijo meu espaço,
Minto,
Cobiço,
Mudo,
Caio...

O animal interno toma conta.

Por favor, lembre quem escreveu essas palavras. O apóstolo Paulo, o missionário. Paulo, o zeloso. Paulo, o mártir. Paulo, o escritor sagrado.

Paulo, o pecador.

O mesmo Paulo que perguntou: "Quem me livrará do corpo desta morte?" é o Paulo que respondeu o dilema proclamando: "Dou graças a Deus por Jesus Cristo nosso Senhor" (Rm 7.25).

Mudar de roupa não é mudar de pessoa. A disciplina exterior não altera o que está dentro. Novos hábitos não formam uma nova alma. Não estou dizendo que a mudança externa não é boa. Estou dizendo que a mudança externa não é suficiente. Se alguém quer ver o reino, precisa nascer de novo.

Essa frase, *nascer de novo*, pertence a Jesus. Ele a usou pela primeira vez quando conversava com Nicodemos. Nicodemos era um homem bom. Um homem muito bom. Era fariseu, líder religioso, membro do Sinédrio, um dos líderes de Jerusalém. Sem dúvida, aprendera e ensinara que, mudando o exterior, muda-se o interior. Ele, como Paulo, reverenciava a lei. Ele, como Paulo, queria fazer o que é certo.

Ele pensava que com o devido treinamento, poderia fazer de um gato um copeiro.

Mas Jesus lhe disse: "Na verdade, na verdade te digo que aquele que não nascer de novo, não pode ver o reino de Deus" (Jo 3.3). A resposta de Nicodemos é sincera. Ele não pergunta: "Por quê?" Pergunta: "Como?" Quem sabe, você esteja fazendo a mesma pergunta. Como uma pessoa nasce de novo?

Para você ter uma idéia, pense em seu próprio nascimento. Volte o vídeo para o começo de sua vida, e pare nos primeiros momentos. Olhe para si mesmo. Novinho. Olhos novos. Boca nova. Nada de segunda-mão. Tudo original.

Agora me diga: Quem lhe deu essas partes? Quem lhe deu olhos para que conseguisse ver? Quem lhe deu mãos para que conseguisse trabalhar? Quem lhe deu pés para que conseguisse andar? Você fez seus próprios olhos? Suas próprias mãos? Seus próprios pés?

Não, você não fez nada. Deus fez tudo. Foi Ele quem fez todas as coisas novas da primeira vez, e é Eele quem fará tudo novo pela segunda vez. O Criador cria novamente! "Se alguém está em Cristo, nova criatura é: as coisas velhas já passaram; eis que tudo se fez novo" (2 Co 5.17).

Eis (posso me aventurar a dizer?) o maior milagre de Deus. É surpreendente quando Deus cura o corpo. É extraordinário quando Deus ouve a oração. É incrível quando Deus provê um novo emprego, um novo carro, um novo filho. Mas nada disso se compara com a nova vida que Deus cria.

Em nosso novo nascimento, Deus refaz nossa alma e nos dá, mais uma vez, o que precisamos. Olhos novos, para vermos pela fé. Mente nova, para termos a mente de Cristo. Força nova, para não ficarmos cansados. Visão nova, para não perdermos o entusiasmo. Voz nova para louvar e mãos novas para servir. E, acima de tudo, um coração novo. Um coração que foi purificado por Cristo.

E... ah, como precisamos disso. Maculamos o que Ele nos deu da primeira vez. Usamos nossos olhos para ver impurezas, nossas mãos para dar sofrimentos, nossos pés para andar no caminho errado, nossa mente para alimentar pensamentos malignos. Todos nós precisamos ser renovados.

O primeiro nascimento foi para a vida terrena; o segundo, para a vida eterna. Da primeira vez, recebemos um coração físico; da segunda, recebemos um coração espiritual. O primeiro nascimento permitiu-nos ter uma vida na terra. O segundo nascimento permite-nos ter a vida eterna.

Mas a analogia contém outra verdade. Posso lhe fazer outra pergunta acerca do seu nascimento? Qual a sua parte no processo? (Não me olhe desse jeito. Claro que estou falando sério.) Quanto você trabalhou? Foi você que colocou suas mãos sobre o ventre e empurrou-se para fora? Você estava se comunicando com sua mãe pelo rádio, dizendo-lhe quando empurrar? Será que o médico lhe pediu que medisse as contrações e desse informações sobre as condições internas?

Dificilmente. Você foi passivo. Se você nasceu, não foi por aquilo que fez. Alguém fez todo o trabalho. Alguém sentiu toda a dor. Sua mãe é que fez todo o trabalho de empurrar e lutar. Seu nascimento resultou do esforço de outra pessoa.

O mesmo acontece em nosso nascimento espiritual. É pelo sofrimento de Deus que nascemos. Não por nosso esforço, mas pelo esforço de Deus. Não é nosso o sangue derramado, é o dEle.

Jesus ilustra isso lembrando a Nicodemos como Moisés levantou a serpente no deserto. "Como Moisés levantou a serpente no deserto, assim importa que o Filho do homem seja levantado" (Jo 3.14). Como Israel reclamasse de Deus, enviou Ele serpentes para que picassem o povo. Alguns morreram e outros estavam morrendo. As pessoas confessaram que haviam pecado, e rogaram a Moisés que as livrasse. Moisés voltou-se para Deus, e o Pai lhe disse para fazer uma serpente de bronze, prendesse-a numa vara e dissesse aos israelitas que tinham sido picados que se voltassem a ela com fé para serem curados.

Assim como a serpente foi levantada... Jesus também foi levantado. Assim como a serpente foi presa em uma vara... na cruz, Jesus também prendeu o poder da serpente do Éden numa vara. E assim como a serpente era uma maldição... Jesus também tornou-se maldição por nós (Gl 3.13). E assim como as pessoas eram curadas quando olhavam para a serpente, nós também somos curados quando olhamos para a cruz.

É a ordem que todo o povo recebeu.

Não se ordena que as pessoas envenenadas tomem remédios ou extraiam o veneno por sucção. Não se ordena que façam boas obras para levar uma oferenda. Não se ordena que examinem as feridas, que deplorem seu estado, ou que orem à serpente. Também não se ordena que se voltem para Moisés.

Ordena-se simplesmente, ah, como é simples, que olhem para Cristo.

O pecado começou quando Eva olhou para a árvore (veja Gn 3.6). A salvação vem quando olhamos para Cristo. Simplicidade espantosa. Resumida na grande promessa de João 3.16: "Deus amou o mundo de tal maneira que deu o seu Filho unigênito para que todo aquele que nele crê não pereça, mas tenha a vida eterna".

Deus, o Amante. Deus, o Doador. Deus, o Salvador. E o homem, o crente. E, para os que crêem, Ele promete um novo nascimento.

Mas apesar da simplicidade, ainda há os que não acreditam. Não crêem na promessa. Não conseguem entender como pode Deus conhecer-lhes o nome, muito menos perdoar-lhes os pecados. É bom demais para ser verdade.

Se pelo menos tentassem. Se pelo menos fizessem um teste. Deus é apaixonado, mas igualmente respeitador. Ele nunca força a entrada. A escolha é deles.

E aos que chegarem, Ele promete um novo nascimento.

Isso significa que nunca mais você caçará ratos? Significa que a velha natureza nunca mais levantará sua cabeça horrenda? Significa que você ficará instantaneamente imune a toda tentação?

Vá para a sala de parto para responder essa pergunta. Olhe para o bebê recém-nascido. O que ele consegue fazer? Consegue andar? Consegue alimentar-se sozinho? Consegue cantar ou ler ou falar? Não, ainda não. Mas algum dia o conseguirá.

Crescer leva tempo. Mas será que os pais, na sala de parto, têm vergonha do bebê? A mãe fica constrangida porque o bebê não consegue soletrar... porque o recém-nascido não consegue andar... porque o nenê não consegue fazer um discurso?

Claro que não. Os pais não ficam envergonhados; ficam orgulhosos. Sabem que o crescimento virá com o tempo. Deus também. "O Senhor é longânimo para convosco, não querendo que alguns se percam, senão que todos venham a arrepender-se" (2 Pe 3.9).

Em geral, Deus é mais paciente conosco do que nós próprios. Achamos que se caímos, não nascemos de novo. Se tropeçamos, não nos convertemos de verdade. Se temos os velhos desejos, com certeza não somos nova criação.

Se você fica angustiado com isso, por favor, lembre-se: "Aquele que em vós começou a boa obra a aperfeiçoará até ao dia de Jesus Cristo" (Fp 1.6).

Em muitos aspectos, nosso novo nascimento é como o primeiro. Em seu novo nascimento, Deus provê o que você precisa; outra pessoa sente as dores e outra pessoa faz o trabalho. E assim como os pais são pacientes com o bebê deles, Deus também é paciente com você. Mas há uma diferença. Da primeira vez, você não teve escolha; mas agora tem. O poder é de Deus. O esforço é de Deus. O sofrimento é de Deus. Mas a escolha é sua.

[Sou] o homem que vos tem dito a verdade que de Deus tem ouvido... Porque digo a verdade, não me credes.

JOÃO 8.40,45

17

O SUJEITO DO ÓTIMO-BAH

As Multidões ou Cristo

Bob adorava deixar as pessoas felizes.

Bob vivia para deixar as pessoas felizes.

Se as pessoas não estivessem felizes, Bob não ficava feliz. Portanto, todos os dias, Bob se punha a fazer as pessoas felizes. Não era uma tarefa simples, porque o que deixa um feliz pode deixar o outro bravo.

Bob vivia num lugar em que todos usavam casacos. As pessoas nunca tiravam os casacos. Bob nunca perguntava: *Por quê?* Só perguntava: *Qual?* "Qual deles vou usar?"

A mãe de Bob adorava azul. Então, para agradá-la, ele usava o casaco azul. Quando ela o via usando o casaco azul, dizia: "Ótimo, Bob! Adoro quando você usa azul". Assim, ele usava o casaco azul o tempo todo. E já que nunca saía de casa e não via a ninguém, se não a mãe, ficava feliz porque ela ficava feliz e dizia "ótimo, Bob" o tempo todo.

Bob cresceu e conseguiu um emprego. No primeiro dia de seu primeiro trabalho, Bob acordou cedo, vestiu o melhor casaco azul e saiu andando pela rua.

Mas as pessoas das ruas não gostavam de azul. Gostavam de verde. Todos na rua usavam verde. Quando ele passava, todos olhavam para ele e diziam: "Bah!"

Bah! era uma palavra dura para os ouvidos de Bob. Sentia-se culpado de fazer com que um "bah" saísse da boca das pessoas. Ele adorava ouvir um "ótimo!". Detestava ouvir um "bah!"

Quando as pessoas viram seu casaco azul, e disseram "bah", Bob correu para uma loja de roupas e comprou um casaco verde. Vestiu o casaco verde sobre o azul e voltou para a rua. "Ótimo!", gritavam as pessoas quando ele passava. Sentiu-se melhor por fazê-las sentir melhor.

Quando chegou no serviço, entrou no escritório do chefe usando o casaco verde.

Bah! — disse o chefe.

Ah, desculpe — respondeu Bob, tirando depressa o casaco verde e mostrando o azul. — O senhor deve ser como minha mãe.

Duas vezes bah! — reclamou o chefe. Levantou-se da cadeira, foi até o armário e tirou um casaco amarelo. — Aqui gostamos de amarelo — instruiu.

Às suas ordens, senhor — respondeu Bob, aliviado de não ter de ouvir outro "bah" do chefe. Vestiu o casaco amarelo sobre o casaco verde que estava sobre o casaco azul. E foi trabalhar.

Quando chegou a hora de ir embora, Bob trocou o casaco amarelo pelo verde e saiu para a rua. Na hora de entrar em casa, vestiu o casaco azul sobre o verde e o amarelo e entrou.

Bob aprendeu que era difícil viver com três casacos. Os movimentos eram desajeitados, e ele sempre estava com calor. Às vezes o punho de um casaco aparecia por baixo, denunciando-o a alguém, mas antes que dissessem "bah", Bob o arregaçava de novo.

Certo dia, Bob esqueceu de trocar de casaco antes de entrar em casa. Quando a mãe viu o verde, ficou vermelha de raiva e ia dizer "bah". Mas antes que ela o fizesse, Bob correu e lhe fechou a boca com a mão e não lhe deixou dizer a palavra, enquanto trocava de casacos. Aí, sim, retirou a mão para ela dizer "ótimo".

Foi naquele momento que Bob percebeu que tinha um talento especial. Conseguia trocar de cor com facilidade. Treinando um pouco, aprendeu a despir um casaco e vestir outro em questão de segundos. Nem ele entendia sua própria versatilidade, mas estava satisfeito com ela, pois agora podia vestir qualquer cor a qualquer hora, agradando qualquer pessoa.

Sua capacidade de mudar de casaco rapidamente o levou a altas posições. Todos gostavam de Bob porque achavam que era exatamente como eles. Com o tempo, foi eleito prefeito da cidade.

Seu discurso de posse foi brilhante. Os que gostavam do verde pensaram que ele estava usando verde. Os que gostavam do amarelo acharam que ele estava usando amarelo. E a mãe simplesmente achava que ele estava usando azul. Só ele sabia que estava trocando de roupa sem parar.

Não foi fácil, mas valeu porque, no fim, todos disseram "ótimo".

A vida multicolorida de Bob continuou até o dia em que um pessoal de amarelo invadiu o gabinete dele.

Encontramos um criminoso que precisa ser executado — anunciaram, empurrando um homem contra a mesa de Bob. Bob ficou chocado com o que viu. O homem não vestia casaco nenhum, apenas uma camiseta.

Deixe-o comigo — instruiu Bob.

E os de casaco amarelo saíram.

Onde está seu casaco? — perguntou o prefeito.

Não uso casacos.

Você não tem casaco?

Não quero casaco.

Não quer casaco? Mas todo o mundo usa casaco. A... a... aqui é assim.

Não sou daqui.

Que casaco usam lá onde você mora?

Nenhum.

Nenhum?

Nenhum.

Bob olhou para o homem, surpreso.

E se as pessoas não o aprovarem?

Não estou atrás da aprovação delas.

Bob nunca ouvira palavras como aquelas. Não sabia o que dizer. Nunca vira uma pessoa sem casaco. O homem sem casaco falou novamente.

Estou aqui para mostrar às pessoas que elas não precisam agradar as pessoas. Estou aqui para dizer a verdade.

Se Bob já tivesse ouvido a palavra *verdade*, teria rejeitado desde o começo.

O que é verdade? — perguntou.

Mas antes que o homem respondesse, do lado de fora do gabinete do prefeito, o povo começou a gritar:

Mata! Mata!

Uma turba havia-se reunido junto à janela. Bob se aproximou dela e viu que a multidão estava usando verde. Vestindo seu casaco verde, disse:

Não há nada de errado neste homem.

Bah! — gritaram eles.

Bob recuou ao ouvir aquilo.

Àquela altura, os amarelos estavam de volta no gabinete. Vendo-os, Bob trocou de cor e argumentou:

O homem é inocente.

Bah! — proclamaram eles.

Bob cobriu as orelhas ao ouvir a palavra.

Ele olhou para o homem e perguntou:

Quem é você?

O homem respondeu simplesmente:

Quem é você?

Bob não sabia. Mas, de repente, quis saber. Bem naquela hora, sua mãe, que ouvira falar do dilema, entrou no gabinete. Sem perceber, Bob mudou para azul.

Ele não é um dos nossos — afirmou ela.

Mas, mas...

Execute-o.

Uma torrente de vozes veio de todas as direções. Bob voltou a cobrir as orelhas e olhou para o homem sem casaco. O homem estava quieto. Bob estava atormentado.

Não posso agradá-los e, ao mesmo tempo, libertá-lo — gritou para cobrir os berros do povo.

O homem sem casaco permaneceu mudo.

Não consigo agradar a eles e a você!

O homem ainda permanecia calado.

Fale comigo! — exigiu Bob.

O homem sem casaco disse uma palavra:

Escolha.

Não posso! — declarou Bob. Levantou os braços e gritou. — Levem-no, deixo a escolha com vocês; eu lavo as mãos.

Mas até Bob sabia que, não fazendo nenhuma escolha, havia feito uma escolha. O homem foi levado para fora, e Bob ficou sozinho. Sozinho com os casacos.

E, faltando o vinho, a mãe de Jesus
lhe disse: Não tem vinho.

João 2.3

18

CALAMIDADES EM ESCALA NORMAL

Temer ou Confiar?

Você está na festa de casamento de seu melhor amigo. Vocês dois vêm conversando sobre este dia desde pequenos, e agora chegou. A cerimônia foi perfeita; o casamento, lindo. O pastor, impecável. E os votos, honestos. Que belo dia!

"Vou tomar conta da recepção", você se ofereceu. E planejou a melhor festa possível. Contratou uma banda, alugou um salão, encomendou a comida, decorou o ambiente e pediu a tia Berta o bolo.

Agora, a banda está tocando, e os convidados estão chegando, mas tia Berta não está em lugar nenhum. Tudo está no lugar, exceto o bolo. Você se arrasta até o telefone público, e disca o número dela. Ela estava tirando uma soneca; pensou que o casamento fosse na semana que vem.

Rapaz! E agora? Mas que problema! Está tudo aqui, menos o bolo...

Parece que você já conhece essa história?

Bem possível. É exatamente o dilema que a mãe de Jesus, Maria, estava enfrentando. O casamento estava correndo. Os convidados, celebrando... mas o vinho havia-se acabado. Na época, o vinho era tão importante num casamento quanto o bolo, hoje. Você consegue imaginar um casamento sem bolo? Eles não conseguiam imaginar um casamento sem vinho. Oferecer vinho era mostrar respeito pelos convidados. Não oferecê-lo num casamento era insulto.

O que Maria enfrentava era um problema social. Uma falta de organização. Uma confusão. Uma calamidade em escala normal. Não há necessidade de discar 190 ou 193, mas também não há nenhum jeito de empurrar o fiasco para baixo do tapete.

Quando pensamos no assunto, a maioria dos problemas que enfrentamos são do mesmo calibre. Raramente precisamos lidar com dilemas de escala nacional ou com um conflito mundial. Raramente nossas crises abalam a escala Richter. Em geral, as ondas que cavalgamos são feitas de pedregulhos, não de blocos. Estamos atrasados para um encontro. Esquecemos alguma coisa no escritório. Um colega de trabalho não traz o relatório. A correspondência se extravia. O trânsito fica congestionado. As ondas que batem nossa vida não ameaçam a vida, ainda. Mas podem. Uma resposta infeliz para um problema simples pode servir de estopim. O que começa como um floco de neve pode se tornar uma avalanche, a não ser que se tomem as devidas medidas.

Por esse motivo, talvez você queira observar como Maria reagiu. A solução dela apresenta um plano prático para desatar os nós da vida. "Não tem vinho", disse ela a Jesus (Jo 2.3). É isso. É tudo que disse. Ela não partiu para a artilharia. Ela simplesmente detectou o problema, e o levou a Cristo.

"Problema bem definido, problema meio-resolvido", afirmou John Dewey. Maria gostaria da frase, pois foi o que ela fez. Ela definiu o problema.

Maria podia ter explodido: "Por que não planejaram direito? Está faltando vinho! Quem é o culpado? Esse pessoal não faz nada certo. Se eu mesma não cuido, nada sai direito por aqui!"

Ou podia ter implodido: "A culpa é minha. Falhei. A responsabilidade é minha. Eu mereço. Ah, se eu dominasse a arte da culinária... Minha vida é um fracasso. Vamos, faça um favor ao mundo, amarre-me e me leve à forca, eu mereço".

É muito fácil concentrar-se em qualquer coisa, exceto na solução do problema. Maria não. Ela simplesmente viu o nó, avaliou o problema e o levou à pessoa certa. "Jesus, tenho um nó aqui e não consigo desatar."

"E, faltando o vinho, a mãe de Jesus lhe disse: Não tem vinho" (Jo 2.3).

Por favor, observe: ela levou o problema a Jesus antes de levá-lo a qualquer outro. Um amigo contou-me de uma reunião de diáconos, muito tensa, de que participou. Aparentemente, havia mais agitação que acordo, e após uma longa discussão, alguém sugeriu: "Por que não oramos a esse respeito?", ao que outro respondeu: "Chegamos a esse ponto?"

O que nos faz pensar que a oração é a última opção e não a primeira? Consigo imaginar dois motivos: sentimento de independência e sentimento de insignificância.

Às vezes somos independentes. Começamos a pensar que somos grandes o suficiente para resolver nossos próprios problemas.

Este ano tem sido marcante em casa. Nossa terceira filha aprendeu a nadar. Isso significa que três conseguem andar. Três conseguem nadar. E duas delas tiraram as rodinhas auxiliares da bicicleta. Elas destacam cada conquista com prazer: "Veja, papai, consigo fazer sozinha". Denalyn e eu temos aplaudido e celebrado cada realização de nossas filhas. A maturidade e a mobilidade delas é boa e necessária, mas espero que nunca cheguem ao ponto de se considerarem grandes demais para chamar o papai.

Deus tem o mesmo sentimento em relação a nós.

Outras vezes, não nos sentimos independentes; sentimo-nos insignificantes. Pensamos: "Claro que Maria pode levar os problemas dela para Jesus. Ela é a mãe dEle. Ele não quer ouvir os meus problemas. Além disso, Ele precisa cuidar dos famintos e da Máfia. Não quero preocupá-lo com minhas confusões".

Se é isso que você pensa, posso compartilhar um dos meus versículos favoritos? (Claro que posso, eu estou escrevendo o livro!) Gosto tanto dele que o escrevi na primeira página da minha Bíblia.

"Livrou-me porque tinha prazer em mim" (Sl 18.19).

E você pensava que tinha sido salvo porque é bom. E você pensava que tinha sido salvo por causa das boas obras, das boas atitudes ou da boa aparência. Sinto muito. Se fosse assim, sua salvação se perderia quando sua voz diminuísse ou suas obras ficassem pobres. Há muitas razões pelas quais Deus o salva: trazer glória para si mesmo, aplacar sua justiça, demonstrar sua soberania. Mas uma das razões mais doces pelas quais Deus o salva é que Ele gosta de você. Ele gosta de tê-lo por perto. Ele acha que você é a melhor coisa que possa aparecer no momento. "Como o noivo se alegra da noiva, assim se alegrará de ti o teu Deus" (Is 62.5).

Se Deus tivesse uma geladeira, seu desenho estaria lá na porta. Se Ele tivesse uma carteira, sua foto estaria lá dentro. Ele lhe envia flores todas as primaveras e os raios do sol, todas as manhãs. Você quer conversar? Ele escuta, seja a hora que for. Ele pode morar em qualquer lugar do universo, mas escolheu o seu coração. E o presente de natal que Ele lhe mandou em Belém? Encare os fatos, amigo. Ele é louco por você.

A última coisa que você tem a temer é ser insignificante para Deus. Você só precisa concentrar-se em fazer o que Ele manda. Observe a seqüência de eventos neste versículo: "Disse-lhes Jesus: Enchei d'água essas talhas. E encheram-nas até em cima. E disse-lhes: Tirai agora, e levai ao mestre-sala. E levaram. E, logo que o mestre-sala provou a água feita vinho (não sabendo donde viera, se bem que o sabiam os serventes que tinham tirado a água), chamou o mestre-sala ao esposo" (Jo 2.7-9).

Viu a seqüência? Primeiro, as talhas foram enchidas de água. Depois, Jesus mandou os servos levar a água (não o vinho) ao mestre-sala.

Agora, se eu fosse o servo, não iria querer fazer uma coisa dessas. Como é que isso vai resolver o problema? E o que o mestre-sala dirá quando eu der um copo de água para ele? Mas aqueles servos ou eram ingênuos demais ou tinham muita confiança para fazer o que Jesus disse e, assim, o problema foi resolvido. Observe: a água tornou-se vinho depois que obedeceram, não antes.

E se os servos tivessem rejeitado a idéia? Se tivessem dito: "De jeito nenhum". Ou, para trazer tudo mais para perto, e se *você* rejeitar? E se você identificar o problema, levá-lo a Jesus e, depois, negar-se a fazer o que Ele manda?

É possível. Afinal, Deus está lhe pedindo que dê alguns passos ousados. O dinheiro está curto, mas Ele ainda lhe pede que dê. Você foi prejudicado, mas Ele lhe pede que perdoe o ofensor. Outra pessoa não fez o que devia ter feito, mas Ele ainda lhe pede que seja paciente. Você não consegue ver a mão de Deus, mas Ele ainda lhe pede que ore.

Não são ordens para desanimá-lo na fé. Ele não lhe pediria, se achasse que você não consegue. Portanto, vá em frente. Da próxima vez que você enfrentar uma calamidade normal, siga o exemplo de Maria no casamento sem vinho:

Identifique o problema. (É meio caminho andado.)
Apresente-o a Jesus. (Ele fica contente em ajudar.)
Faça o que Ele mandar. (Por mais estranho que pareça.)
E compre um calendário novo para a tia Berta.

*Fizeram-lhe pois ali uma ceia,
e Marta servia, e Lázaro era um dos que
estavam à mesa com ele. Então Maria,
tomando um arrátel de ungüento de
nardo puro, de muito preço ungiu os pés
de Jesus, e enxugou-lhe os pés com
os seus cabelos; e encheu-se a casa
do cheiro do ungüento.*

João 12.2,3

12/06/2011

19

SEU LUGAR NA BANDA DE DEUS

Em Serviço ou em Disputas?

Dois dos meus anos de adolescência foram gastos carregando uma tuba na fanfarra do ginásio. Minha mãe queria que eu aprendesse a ler música, mas o coral estava completo, enquanto a fanfarra carecia de um tocador de tuba, de modo que me candidatei. Não foi bem o que você possa chamar providência divina, mas também não foi uma experiência perdida.

Tive um encontro com uma baliza.

Aprendi a passar graxa branca de sapato em ônibus escolares.

Aprendi que quando você não sabe a música, deve colocar os lábios no bocal e fingir que está tocando, em vez de tocar e acabar com toda dúvida.

E aprendi alguns fatos sobre harmonia que vou lhe ensinar.

Eu marchava ao lado de um tocador de bumbo. Que som grandioso. *Boom. Boom. Boom.* Profundo, cavernoso, trovejante. Na medida certa e na música certa, não há nada melhor que o som de um bumbo. *Boom. Boom. Boom.*

E no fim de minha fila marchava a seção de flautas. Ah, como se elevava a música delas. Sussurrando, enlevando, levando às nuvens.

À minha frente, na primeira linha, ficava nosso primeiro trompete. Um componente pleno da banda. Enquanto alguns batiam bola e outros dirigiam carros envenenados, ele tocava trompete. E isso se evidenciava. Podíamos colocá-lo bem no meio do campo de futebol e deixá-lo tocar. Ele conseguia elevar o espírito. Ele conseguia levantar a bandeira. Ele conseguiria suspender a cobertura do estádio, caso tivéssemos uma.

Flautas e trompetes soam muito diferente. (Viu só? Eu disse que aprendi muito na banda.) A flauta sussurra. O trompete grita. A flauta conforta. O trompete buzina. Não há nada como um trompete — em dose limitada. A pessoa só suporta o seu clangor por um tempo. Depois disso, precisa ouvir algo mais suave. Algo mais doce. Precisa ouvir uma pequena flauta. Mas até o som de uma flauta pode tornar-se monótona caso não haja ritmo ou cadência. É por isso que também se precisa do tambor.

Mas quem quer o tambor sozinho? Já viu alguma banda só de bumbos? Você assistiria a um concerto de cem bumbos? É provável que não. Mas que banda gostaria de ficar sem bumbo, sem flauta ou sem trompete?

Uma flauta suave
    pede
        um trompete impetuoso
            pede
                um bumbo firme
                    pede
                        uma flauta suave
                            pede
                                um trompete impetuoso.

Captou a idéia? A palavra ativa é *pede*. Um exige o outro. Cada um por si faz música. Mas, juntos, fazem mágica.

Agora, o que vi duas décadas atrás na banda, vejo hoje na igreja. Precisamos uns dos outros. Nem todos tocamos o mesmo instrumento. Alguns crentes são grandiosos, outros são sólidos. Alguns mantém o passo, enquanto outros lideram a fanfarra. Nem todos fazem o mesmo som. Alguns são suaves, outros são potentes. E nem todos têm a mesma habilidade. Alguns precisam estar no meio do campo, levando a bandeira. Outros precisam ficar nos fundos, tocando o acompanhamento. Mas cada um de nós tem seu lugar.

Alguns tocam bumbo (como Marta).

Alguns tocam flauta (como Maria).

E outros tocam trompete (como Lázaro).

Maria, Marta e Lázaro eram como família de Jesus. Depois que o Senhor ressuscitou a Lázaro, eles resolveram dar um jantar para Jesus. Resolveram homenageá-lo com uma festa (veja Jo 12.2).

Eles não discutiram por causa do melhor lugar. Um não ficou magoado com as habilidades dos outros. Ninguém ficou tentando sobrepujar os outros. Os três trabalharam juntos com um propósito. Mas cada um cumpriu aquele propósito de um jeito todo seu. Marta serviu; ela sempre mantinha todos na linha. Maria adorou; ela ungiu o seu Senhor com um presente extravagante, e aquele aroma tomou o ambiente. Lázaro tinha uma história para contar, e estava pronto para contá-la.

Três pessoas, cada uma com uma capacidade diferente, uma habilidade diferente. Mas todas de igual valor. Pense nisso. Será que a família deles poderia ficar sem um dos três?

Será que poderíamos, hoje, viver sem um dos três?

Toda igreja precisa de uma Marta. Vamos mudar. Toda igreja precisa de uma centena de Martas. Mangas arregaçadas, prontas, regem os passos da igreja. Por causa das Martas, as finanças da igreja se mantêm equilibradas, os bebês da igreja continuam saudáveis e os prédios da igreja vão sendo construídos. Você não aprecia a Marta até que falte uma, aí todas as Marias e os Lázaros ficam vasculhando por aí, procurando chaves, interruptores, retroprojetor.

Na igreja, as Martas são os coelhinhos das pilhas *Energizer*. Elas vão indo, indo, indo. Elas estocam força como os camelos estocam água. Uma vez que não procuram a fama, não vivem do aplauso. Isso não quer dizer que não precisam disso. Significa, simplesmente, que não são viciadas em aplausos.

As Martas têm uma missão. Aliás, se Marta tem uma fraqueza, é a tendência de elevar a missão acima do Mestre. Lembra-se de quando isso aconteceu com ela? Uma Marta, mais jovem, convida Jesus para um jantar. Jesus aceita e traz seus discípulos.

A cena que Lucas descreve tem Maria sentada e Marta furiosa. Marta está brava porque Maria continua, horror dos horrores, sentada aos pés de Jesus. Como isso é pouco prático! Como é irrelevante! Como é desnecessário! Quer dizer, quem tem tempo para sentar e ouvir quando há pão para assar, mesa para arrumar e almas para salvar? Assim, Marta reclamou: "Senhor, não se te dá de que minha irmã me deixe servir só? Dize-lhe pois que me ajude" (Lc 10.40).

Mas que coisa! Não somos mesmo impertinentes? De repente, Marta deixou de servir a Jesus para exigir coisas dEle. A sala cai num silêncio. Os discípulos baixam os olhos. Maria fica vermelha. E Jesus fala. Ele fala não apenas a Marta de Betânia, mas a todas as Martas que acabam achando que o bumbo é o único instrumento da fanfarra.

"Marta, Marta, estás ainda ansiosa e afadigada com muitas coisas. Mas uma só é necessária; e Maria escolheu a boa parte, a qual não lhe será tirada" (Lc 10.41,42).

Ao que parece, Marta entendeu, pois a vemos, mais tarde, servindo novamente.

"Fizeram-lhe pois ali uma ceia, e Marta servia, e Lázaro era um dos que estavam à mesa com ele. Então Maria, tomando um arrátel de ungüento de nardo puro, de muito preço, ungiu os pés de Jesus, e enxugou-lhe os pés com os seus cabelos; e encheu-se a casa do cheiro do ungüento" (Jo 12.2,3).

Será que Maria está na cozinha? Não, ela está tocando flauta para Jesus. Ela está louvando, pois é o que ela gosta de fazer. Mas dessa vez Marta não se opõe. Ela aprendeu que há lugar para louvor e adoração, e é o que Maria está fazendo. E qual é a incumbência de Maria no jantar? Ela traz um frasco de perfume muito caro e o derrama nos pés de Jesus, limpando-os com o cabelo. O aroma do perfume preenche a casa, exatamente como o som do louvor pode preencher a igreja.

Noutros tempos, Marta teria feito objeções. Era esbanjar demais, muita extravagância, muita generosidade. Mas esta Marta madura aprendeu que assim como há lugar para um serviço sacrificial no reino de Deus, existe também lugar para uma adoração exuberante.

As Marias têm o dom da adoração. Elas não se limitam a cantar; elas cultuam. Não se limitam a ir à igreja; vão para louvar. Não se limitam a falar de Cristo; irradiam Cristo.

As Marias têm um pé no céu e outro na nuvem. Para elas, não é fácil descer à terra, mas às vezes é preciso. Às vezes é preciso lembrá-las de que há contas a pagar e aulas a dar. Mas não lhes lembre com muita severidade. As flautas são frágeis. As Marias são almas preciosas de corações delicados. Se encontraram um lugar aos pés de Jesus, não lhes peça que saiam de lá. É bem melhor pedir que orem por você.

É o que eu faço. Quando encontro uma Maria (ou um Mário), logo pergunto: "Como é que eu entro na sua lista de oração?"

Toda igreja precisa desesperadamente de algumas Marias.

Precisamos delas para orar por nossos filhos.

Precisamos delas para acrescentar fervor à nossa adoração.

Precisamos delas para escrever cânticos de louvor e cantar hinos de glória.

Precisamos delas para se ajoelhar e clamar, e levantar as mãos e orar.

Precisamos delas porque costumamos esquecer o quanto Deus ama a adoração. As Marias não esquecem. Sabem que Deus quer ser conhecido como Pai. Sabem que tudo o que um pai deseja é que os filhos sentem-se à sua volta e passem um tempo com ele.

As Marias são ótimas nisso.

Elas também precisam tomar cuidado. Precisam meditar com freqüência sobre Lucas 6.46: "Por que me chamais, Senhor, Senhor, e não fazeis o que eu digo?"

As Marias precisam lembrar que servir é adorar.

As Martas precisam lembrar que adorar é servir.

E Lázaro? Ele precisa lembrar que nem todos conseguem tocar trompete.

Veja bem, pelo que parece, Lázaro não fez nada no jantar. Ele deixou para agir fora de casa. Leia João 12.9 com cuidado:

"Muita gente dos judeus soube que ele estava ali; e foram, não só por causa de Jesus, mas também para ver a Lázaro, a quem ressuscitara dos mortos. E os principais dos sacerdotes tomaram deliberação para matar também a Lázaro; porque muitos dos judeus, por causa dele, iam e criam em Jesus."

Que coisa! Por causa de Lázaro, muitos judeus "criam em Jesus". Lázaro ganhou um trompete. Ele tem um testemunho a dar — e que testemunho!

"Sempre fui um bom sujeito" diria ele. "Pagava minhas contas. Amava minhas irmãs. E até gostava de ficar perto de Jesus. Mas não era um de seus seguidores. Não era tão chegado como Pedro, Tiago e aquele pessoal. Eu mantinha certa distância. Nada pessoal. Simplesmente queria ficar em seu canto.

"Mas então fiquei doente. E depois morri. Isto é, morri de morte morrida.

"Não sobrou nada. Gelado como pedra. Nenhuma vida. Nenhum suspiro. Nada. Morri para tudo. Vi a vida lá do túmulo. Aí então Jesus me chamou da sepultura. Quando Ele falou, meu coração bateu e minha alma se agitou, e eu estava vivo de novo. E quero que você saiba que Ele pode fazer o mesmo com você."

Deus entregou a Marta um bumbo de serviço. A Maria, uma flauta de louvor. E a Lázaro, um trompete. E, assim, ficava este no centro do palco, tocando.

Deus ainda dá trompetes. Deus ainda chama pessoas de dentro das covas. Deus ainda dá, a alguns, testemunhos do tipo "me belisca porque estou sonhando" ou "é bom demais para ser verdade". Mas nem todos têm um testemunho dramático. Quem quer uma banda cheia de trompetes?

Alguns salvam os perdidos. Alguns encorajam os salvos. E alguns mantêm no ritmo o movimento. Todos são necessários.

Se Deus o chamou para ser Marta, sirva! Lembre-nos de que há evangelização na distribuição de comida aos famintos, e de que há louvor no cuidado com os doentes.

Se Deus o chamou para ser Maria, louve! Lembre-nos de que não precisamos estar atarefados para sermos santos. Force-nos, com seu exemplo a baixar nossas pranchetas e megafones para nos aquietar em adoração.

Se Deus o chamou para ser Lázaro, testemunhe! Lembre-nos de que nós também temos uma história para contar. Nós também temos vizinhos perdidos. Nós também estávamos mortos e fomos ressuscitados.

Cada um de nós tem o seu lugar junto à mesa.

Exceto um. Havia um na casa de Marta que não encontrou o lugar dele. Embora estivesse perto de Jesus por mais tempo que qualquer outro, estava mais longe na fé. O nome dele era Judas. Ele era ladrão. Quando Maria derramou o perfume, ele fingiu espiritualidade. "Por que não se vendeu este ungüento por trezentos dinheiros e não se deu aos pobres?", disse. Mas Jesus conhecia o coração de Judas, e defendeu a adoração de Maria. Anos mais tarde, João também, conhecendo o coração de Judas, explicou que Judas era ladrão (Jo 12.6). E todos aqueles anos estivera pondo a mão na bolsa. O motivo pelo qual ele queria que o perfume fosse vendido e o dinheiro colocado na bolsa era que, dessa forma, poderia ter acesso a ele.

Que fim triste para uma história linda. Mas o fim vem a calhar. Em todas as igrejas há os que são como Marta, que gasta o tempo servindo. Há os que são como Maria, que gasta o tempo adorando. Há os que são como Lázaro, que gasta o tempo testemunhando.

E há os que são como Judas, que tiram, tiram, e nunca dão em troca. Você é Judas? Faça a pergunta com cuidado, mas seja honesto. Você está perto de Cristo, mas longe do coração dEle? Você está no jantar, mas com o coração amargurado? Você está sempre criticando os dons dos outros mas raramente usa os seus (se é que os usa)? Você está tirando proveito da igreja, sem contribuir com ela? Será que os outros dão de forma sacrificial, enquanto você dá de forma avarenta? Você é Judas?

Você tira, tira, e nunca dá? Nesse caso, você é o Judas desta história.

Se você é Marta, seja fortalecido. Deus vê seu serviço.

Se você é Maria, seja incentivado. Deus aceita sua adoração.

Se você é Lázaro, seja firme. Deus honra sua convicção.

Mas se você é Judas, cuidado. Deus vê seu egoísmo.

12/06/2011

A obra de Deus é esta:
Que creiais naquele que ele enviou.

João 6.29

20

AMOR EXTRAVAGANTE

Conquistar ou Receber?

A descrença tem filhos característicos:

Certa mulher tinha medo de voar. Depois do vôo, perguntaram se ela tinha ficado nervosa. "Não", respondeu ela, "só não consegui ficar sentada na poltrona".

* * *

Certo rei deixou o servo cuidando do castelo enquanto viajava. O rei tinha um falcão. O servo nunca vira um falcão, achando que era um pombo deformado. Com pena do pássaro, cortou suas garras para que ficasse mais parecido com um pombo.

* * *

Certo príncipe muito bonito apaixonou-se por uma simples criada. Ela não era atraente. Ela não acreditava no amor dele.

Como você pode me amar? — perguntou-lhe. — Não sou bonita. Não sou rica. Não sou de linhagem real.

Simplesmente amo você — respondeu ele.

O príncipe a pediu em casamento. Ela ainda não acreditava no amor dele, mas concordou.

Aceito casar-me com você. Vou limpar sua casa, preparar sua comida e ter filhos com você.

Mas não quero me casar por aquilo que você fará por mim. Quero me casar porque gosto de você.

E assim eles se casaram. Ela limpava-lhe a casa, preparava-lhe a comida e teve filhos com ele. Ele a amava. Mas ela o deixou. Segundo disse a uma amiga, ela achava que o príncipe não a amava mais.

* * *

E assim temos três pessoas. Três pessoas que não conseguiam acreditar. Uma mulher que não desfrutou o vôo porque não conseguia confiar no avião. Um homem que mutilou um falcão porque nunca havia visto um. E uma mulher que perdeu o amor de sua vida porque tentou conquistar o que ele queria dar.

A descrença tem filhos característicos. Filhos que se sentem mal durante a viagem são cegos para a beleza e deixam escapar o romance da vida com Deus. Filhos que nunca relaxam de todo na palma de sua graça. Filhos que vivem podando e ajeitando o esplendor de seu amor. E filhos que ouvem seu pedido de casamento mas estão sempre procurando uma notificação de multa e as intenções ocultas.

Os sentimentos desses filhos são captados em João 6.27-29. Jesus começa dizendo: "Trabalhai, não pela comida que perece, mas pela comida que permanece para a vida eterna, a qual o Filho do homem vos dará; porque a este o Pai, Deus, o selou".

Jesus reduz o número das batalhas da vida a dois. Ou lutamos pela comida que se estraga ou pela que dura. A comida que se estraga é qualquer coisa que seja temporária: realizações, prêmios, aplausos... Qualquer objeto que permaneça no túmulo é comida que se estraga.

O alimento que permanece, por sua vez, é qualquer coisa que seja eterna. E como obtemos essa comida? Sublinhe a promessa: "a comida que permanece para a vida eterna, a qual o Filho do homem vos dará". Você não a compra, não a barganha, nem a obtém. É um presente. Simplesmente embarque no avião, e sente-se. Simplesmente solte o falcão, e veja-o voando. Simplesmente aceite o amor dele e desfrute-o...

Simplesmente creia.

Mas os ouvintes não entenderam. Veja o que perguntaram: "Que faremos para executarmos as obras de Deus?" (Jo 6.28). Essa, meu amigo, é a pergunta da descrença. "Sei que ele disse que daria, mas, honestamente, como pagamos esse pão? Como obtemos essa refeição? Quanto tempo precisamos ficar na fila do refeitório para conseguir o alimento eterno?"

Eles não captaram a mensagem. Jesus não disse que o Filho do homem daria essa comida a eles?

Vamos supor que eu não tenha entendido sua mensagem. Vamos supor que você tenha me dado um presente. Digamos que você me presenteou com uma gravata nova. Eu a tiro da caixa, e a examino. Eu agradeço, e depois pego a carteira.

Quanto lhe devo? — pergunto.

Você pensa que estou brincando.

É presente — você responde. — Não precisa me pagar.

Ah, entendi — respondo, mas então demonstro que não entendi quando pergunto: — Posso pagar com um cheque?

Não quero que você me pague — você fica atordoado. — Quero que você aceite como presente.

Ah, bom, quem sabe eu possa fazer algum conserto na sua casa em troca da gravata...

Você não está entendendo nada, mesmo, não é? — você fala com firmeza. — Quero dar isso a você. É um presente. Não se compra um presente.

Ah, desculpe — falo depressa. — E se eu prometer comprar-lhe uma gravata?

A essa altura você se sente ofendido. Ao tentar comprar seu presente, degrado-lhe a graça. Roubo-lhe a alegria de dar.

Como roubamos a Deus.

Você já pensou como é insultante a Deus quando tentamos pagar pela sua bondade? Deus ama a quem dá com alegria, porque Ele mesmo dá com alegria. Se nós, que somos maus, gostamos de dar presentes, quanto mais Ele! Se nós, que somos humanos, ficamos ofendidos quando as pessoas querem transformar nosso presente em suborno, quanto mais Deus!

Gaste algum tempo para ler com calma a resposta de Jesus à pergunta deles: "Que faremos para executar as obras de Deus?" (Jo 6.28).

Jesus respondeu: "A obra de Deus é esta..."

Você não vê as pessoas chegando mais perto com os pensamentos em disparada? "Quais as obras que Ele quer de nós? Orar mais? Ofertar mais? Estudar? Viajar? Memorizar a Torá? Qual a obra que Ele quer?" Esse esquema de Satanás é matreiro. Em vez de afastar-nos da graça, faz-nos questionar a graça ou lutar para conquistá-la... e nem o percebemos.

E então, o que é que Deus deseja que façamos? Qual a obra que Ele procura? Simplesmente crer. Crer em quem Ele enviou. "A obra de Deus é esta: que creiais naquele que ele enviou".

Alguém está lendo isto e balançando a cabeça, perguntando: "Você está dizendo que é possível chegar ao céu sem nenhuma boa ação?" A resposta é não. É preciso boas ações. Alguém pode estar lendo e perguntando: "Você está dizendo que é possível chegar ao céu sem um bom caráter?" De novo, minha resposta é não. Bom caráter também é necessário. Para entrar no céu precisamos de boas ações e bom caráter.

Mas aí é que são elas. Você não tem nem um nem outro.

Sim, é claro que você fez algumas boas ações ao longo da vida. Mas não fez o suficiente para entrar no céu, não importa o quanto tenha se sacrificado. Não importa se suas ações foram extremamente nobres, elas não são suficientes para colocá-lo no céu.

Você também não tem caráter suficiente para entrar no céu. Por favor, não se ofenda. (Depois, talvez, caso necessário.) É provável que você seja uma boa pessoa. Mas bondade não basta. Os que vêem Deus não são os bons; são os santos. "Sem a santificação, ninguém verá o Senhor" (Hb 12.14).

Talvez você seja bom. Talvez pague os impostos, e beije as crianças e vá dormir com a consciência tranqüila. Mas, longe de Cristo, você não é santo. Portanto, você conseguirá entrar no céu?

Creia, apenas.

Aceite a obra já feita, a obra de Jesus na cruz.

Creia, apenas.

Aceite a bondade de Jesus Cristo. Abandone suas próprias obras, e aceite as de Jesus. Abandone sua própria bondade, e aceite a dEle. Coloque-se diante de Deus no nome de Jesus, não no seu. "Quem crer e for batizado será salvo, mas quem não crer será condenado" (Mc 16.16).

Tão simples assim? Tão fácil assim? Não houve nada fácil nisso. A cruz era pesada, o sangue era real e o preço era exorbitante. Teria deixado você ou eu falidos. Mas Ele pagou por nós. Pode dizer que é simples. Pode dizer que é um presente. Mas não diga que é fácil.

Diga o que quiser. Diga que é a graça.

13/06/2011

Ainda tenho outras ovelhas que não são deste aprisco; também me convém agregar estas, e elas ouvirão a minha voz, e haverá um rebanho e um pastor.

João 10.16

Para que todos sejam um... para que o mundo conheça que tu me enviaste a mim, e que os tens amado a eles como me tens amado a mim.

João 17.21,23

13/06/2011

21

O SONHO MAIS QUERIDO DE DEUS

Divisão ou Unidade

Tempos atrás, numa viagem, deparei-me com um sujeito que estava carregando uma Bíblia.

Você é crente? — perguntei.

Sou — respondeu ele, animado.

Aprendi que cautela nunca é demais.

Nascimento virginal?

Aceito.

Divindade de Jesus?

Sem dúvida.

Morte de Cristo na cruz?

Ele morreu por todas as pessoas.

Será que eu estava face a face com um cristão? Talvez. Mesmo assim, continuei checando.

Condição do homem.

Pecador e necessitado da graça.

Definição de graça.

Deus fazendo pelos homens o que eles não conseguem fazer.

Volta de Cristo?

Iminente

Bíblia?

Inspirada.

A igreja?

O corpo de Cristo.

Comecei a ficar animado.

Conservador ou liberal?

Ele também estava ficando interessado.

Conservador.

Meu coração começou a bater mais rápido.

Herança?

Convenção Triúna Dispensacionalista do Santo Filho de Deus Congregacionalista do Sul.

Era a minha!

Ramo?

Pré-milenista, pós-tribulacionista, Bíblia Almeida e Corrigida, comunhão com um só cálice.

Meus olhos ficaram turvos. Eu só tinha mais uma pergunta.

Seu púlpito é de madeira ou de fibra de vidro?

Fibra de vidro — respondeu.

Retirei minha mão e dei de ombros.

Herege! — disse a ele. E fui embora.

* * *

Inverossímil? Talvez, mas só um pouco. Suspeitas e desconfianças costumam se esconder junto à mesa de Deus. Os batistas desconfiam dos metodistas. A Igreja de Cristo rejeita os presbiterianos. Os calvinistas zombam dos arminianos. Pentecostais. Imersionistas. Dicotomistas. Em torno da mesa os parentes discutem, e o Pai suspira.

O Pai suspira porque tem um sonho. "Ainda tenho outras ovelhas que não são deste aprisco; também me convém agregar estas, e elas ouvirão a minha voz, e haverá um rebanho e um pastor" (Jo 10.16).

Deus tem apenas um rebanho. De alguma forma perdemos esse ideal. A divisão religiosa não é idéia dEle. Franquias e sectarismo não estão no plano de Deus. Deus tem um rebanho. O rebanho tem um pastor. E, embora pensemos serem muitos, estamos errados. Há apenas um.

A Bíblia não diz para criarmos a unidade. Ela simplesmente exorta-nos a manter a unidade que já existe. Paulo recomenda-nos a preservar "a unidade do Espírito" (Ef 4.3). Nossa tarefa não é inventar a unidade, mas reconhecê-la.

Tenho duas irmãs e um irmão. Somos parentes porque viemos da mesma família. Temos o mesmo pai e a mesma mãe. Tenho certeza de que houve ocasiões em que eles não queriam me chamar de irmão, mas eles não têm escolha.

Nós também não temos. Quando vejo alguém chamando Deus de Pai, e Jesus de Salvador, encontro um irmão ou irmã — não importa o nome da igreja ou da denominação deles.

E os nomes das igrejas? Eles não existem no céu. O Livro da Vida não alista sua denominação ao lado de seu nome. Por quê? Porque não é a denominação que o salva. E fico me perguntando: se não há denominações no céu, por que temos denominações na terra?

Que aconteceria (sei que é uma idéia maluca), mas o que aconteceria se todas as igrejas concordassem, certo dia, em trocar os nomes, passando a ser simplesmente "igreja"? Como seria se todas as referências a denominações fossem retiradas, e fôssemos, todos, só cristãos? E, assim, quando alguém fosse escolher uma igreja para freqüentar, não o faria pela placa... mas pelo coração dos que estivessem lá dentro. E, então, quando se perguntasse a esse alguém sobre a igreja que freqüenta, a resposta não seria um rótulo, mas apenas um endereço.

E então os cristãos não seriam conhecidos por aquilo que nos divide; mas pelo que nos une — o Pai que temos em comum.

Idéia maluca? Talvez.

Mas acho que Deus gostaria. Para começar, era dEle.

Eu sou a videira verdadeira,
e o meu Pai é o lavrador. Toda a vara em
mim, que não dá fruto, a tira; e limpa
toda aquela que dá fruto, para
que dê mais fruto.

JOÃO 15.1,2

13/06/2011

22

DEUS SE PREOCUPA COM NINHARIAS

Você Confia Nele ou o Insulta?

Todos adoram o que Deborah Ricketts faz. Mas ninguém gosta quando ela está fazendo. Todos amam o produto, mas ninguém se deleita no processo.

Ela é pesquisadora independente que trabalha para a indústria cinematográfica. Você quer que o seu trabalho seja bem fundamentado? Você quer que os fatos sejam fidedignos? Mande um *script* e um cheque para essa ex-bibliotecária, e veja os fatos começarem a voar.

Um cenário da década de 30 exige que tudo tenha a aparência dos anos 30. Você não pode pôr alguém lendo um jornal que não existia na época, ou um conjunto tocando uma música que ainda não tinha sido composta. Erros desse tipo acontecem.

Deborah Ricketts vive para encontrar erros. Ela está envolvida numa busca minuciosa de trabalhos malfeitos. Ela se insinua entre os objetos de cena e pelos cenários examinando tudo. Os enganos de outras pessoas é a profissão dela.[1]

Ela cuida das ninharias para o próprio bem do roteirista. O processo não é agradável, mas o resultado compensa.

Sim, Deus se ocupa com ninharias. Não que Ele goste de encontrar falhas. Significa simplesmente que Deus gosta de encontrar qualquer coisa que impeça nosso crescimento. Jesus o retrata como o Bom Lavrador que corta e poda a videira. "Eu sou a videira verdadeira, e o meu Pai é o lavrador. Toda a vara em mim, que não dá fruto, a tira; e limpa toda aquela que dá fruto, para que dê mais fruto" (Jo 15.1,2).

É provável que Jesus tenha dito essas palavras enquanto andava do cenáculo para o Jardim do Getsêmani. Talvez tivesse visto uma videira que pendia por sobre uma cerca ou se prendia a um muro. Ele levantou uma parte da planta, e explicou a cadeia de comando no Universo. Deus é o Lavrador. Jesus é a videira. Nós somos as uvas.

As videiras eram abundantes na Palestina. Limpas com zelo, produziam uvas doces. Mas, sem cuidado, cresciam em toda parte, entrando em tudo. O lavrador podava as videiras. Por quê? Para que pudessem produzir mais frutos. Deus nos poda. Por quê? Pela mesma razão.

"Eu vos escolhi", explicou, "para que vades e deis fruto, e o vosso fruto permaneça" (Jo 15.16).

Um bom lavrador fará o que é necessário para ajudar uma videira a dar frutos. Que frutos Deus deseja? Caridade, gozo, paz, longanimidade, benignidade, bondade, fé, mansidão, temperança (veja Gl 5.22,23). São o fruto do Espírito. E é isso que Deus deseja ver em nós. E, como um lavrador zeloso, Ele há de pinçar e cortar qualquer coisa que venha a interferir.

Um bom técnico de atletismo olha para o rosto do corredor e diz: "Podemos quebrar o recorde". E, então, o técnico alista um regime de prática e disciplina.

Um bom editor lê o manuscrito, e diz: "Este trabalho tem um bom potencial, mas precisamos cortar isto". E o autor geme enquanto flui a tinta vermelha.

Um bom professor de piano diz: "Acho que você consegue dominar esta peça para o concurso, mas aqui está nosso programa de ensaios".

Deus levanta um ramo de sua videira e diz: "Você pode dar muito fruto, mas vou ter de cortar algumas folhas doentes". E embora o processo seja doloroso, podemos ver no chão, embaixo de nós, a folhagem que Ele podou. Arrogância. Ambições vazias. Relacionamentos ruins. Oportunidades perigosas. Vingança.

Será que Deus faz isso de forma leviana? Acho que não. Ouça esta afirmação séria: "toda a vara em mim, que não dá fruto, a tira" (Jo 15.2). O verbo "tirar" vem da palavra grega *airo*. Ela tem pelo menos dois significados: uma é "cortar"; a outra, "pinçar" ou "levantar". Creio que ambas as idéias estão presentes.

Antes de cortar um ramo sem fruto, Deus o levanta. O lavrador o faz. Ele reposiciona o ramo infrutífero para que tome mais sol e tenha mais espaço. As uvas não são como abóboras ou morangas. Elas não se desenvolvem enquanto estão no chão. Crescem melhor quando ficam dependuradas, livres. Um bom tratador de videiras irá esticá-las pelo caramanchão, para que tomem mais sol e ar.

Você já viu lavradores rearrumando uma planta, e é provável que já tenha visto Deus realinhando uma vida. A família arrancada de uma cidade e transferida para outra — teria sido para que aprendesse a confiar em Deus? A pessoa tão saudável que adoece de repente — teria sido para lembrá-la de confiar no Lavrador? A fonte de renda secou-se — teria sido um jeito de Deus levantá-lo do chão do egoísmo e conduzi-lo para mais perto de si? Líderes de intenções e moral questionáveis são eleitos. Seria um jeito de Deus levar as pessoas a um avivamento?

Deus "marcou o tempo certo para cada coisa... porém não nos deixa compreender completamente o que ele faz" (Ec 3.11 - BLH). (Será que ouvi alguém falando "Amém"?) Deus está fazendo alguma coisa. Ele é o Lavrador atarefado, ativo, que limpa o terreno e remove as pedras. Ele constrói as treliças e planta as sementes. Ele inspeciona as plantas e arranca o mato. E, acima de tudo, Ele é bom. Ele é o Bom Lavrador que cuida de sua vinha.

Portanto, que devemos fazer? Nós, ramos de sua videira, qual é a nossa resposta? Como reagimos? A resposta que costuma ser dada neste ponto é: "Dê frutos!"

Mas será que é a resposta correta? Responda essa pergunta num pomar. Se um ramo não dá frutos, será que adianta o lavrador exigir frutos? Ou, se você é o ramo, será que dará frutos, só resolvendo que dará? Você fecha seus olhos nodosos, e cerra seus dentes de madeira e se esforça até sua casca ficar vermelha. Conseguirá fazer surgir uma uva? Não. Note, por favor, o ramo não consegue fazer um fruto.

Você também. Você tentou. Com decisão nos olhos e dentes cerrados, você tentou. "Hoje, serei feliz", rosna por entre dentes cerrados.

Ou: "Serei paciente, e serei paciente agora mesmo".

Ou: "Ok, ofertarei com mais alegria. Passa para cá aquele prato bobo de coleção".

Ou: "Perdoarei aquele idiota se aquilo me matar".

Está entendendo? Não se pode forçar o fruto. É por esse motivo que, em nenhuma parte, Jesus nos diz para ir e dar frutos.

O quê?

É isso mesmo. Em nenhum lugar Ele manda que você dê frutos. Vamos, procure. Eu procurei. Não está lá. Então, o que é que Ele nos manda fazer? Leia João 15 por si:

"Estai em mim..." (v. 4)

"Estai na videira..." (v. 4).

"Permanecei no meu amor..." (v. 9).

"Permanecei no meu amor..." (v. 10).

Nossa tarefa? É clara. Fique grudado na videira. Enquanto ficarmos grudados, seremos frutíferos. A vida vem da videira. À parte da videira, o ramo não faz nada. Jesus disse: "Sem mim nada podeis fazer" (Jo 15.5).

Duvido que seja fácil para um roteirista mandar um *script* para alguém como Deborah Ricketts. Ele sabe que ela está à caça de erros. Mas também sabe que o resultado final será uma história melhor.

É certo que não nos é fácil para deixar nossa vida por conta do lavrador. Agora mesmo, alguns de vocês estão ouvindo o claque-claque de suas podas. Dói. Mas não desanime. Você ficará melhor.

Além disso, você não fica contente ao saber que merece o esforço dele?

Eu sou a voz do que clama no
deserto: Endireitai o caminho do Senhor.

JOÃO 1.23

13/06/2011

23

A PARÁBOLA DO AVISO SANDUÍCHE

Do Seu Jeito ou do Jeito Dele?

Os rostos dos três homens estavam sérios enquanto o prefeito lhes informava da catástrofe.

A chuva levou a ponte. Durante a noite, muitos carros caíram no rio.

Que faremos? — perguntou um deles.

Vocês precisam ficar do lado da estrada, e avisar os motoristas para que não dobrem à esquerda. Diga-lhes que tomem a pista simples que circunda o rio.

Mas eles correm muito! Como é que vou avisá-los?

Vistam essas placas em forma de sanduíche — explicou o prefeito, trazendo seis placas de madeira, unidas duas a duas para ficarem penduradas no ombro.

Fiquem nos cruzamentos, para que os motoristas vejam, até eu conseguir alguém para consertar a ponte.

E assim os homem apressaram-se em chegar à curva perigosa, e colocaram os cartazes sobre o corpo.

Os motoristas deviam me ver primeiro — disse um deles. Os outros concordaram. O cartaz dele dizia: "Ponte Quebrada". Ele andou várias centenas de metros antes de se virar e assumir o posto.

Talvez eu deva ser o segundo, para que os motoristas baixem a velocidade — disse aquele cujo cartaz dizia: "Reduza a Velocidade".

Ótima idéia — concordou o terceiro. — Eu ficarei aqui na curva, para que as pessoas deixem a estrada larga, e tomem a estreita. — Seu cartaz dizia simplesmente: "Somente Estrada da Direita" e tinha um dedo apontando para a rota segura.

E assim os três homens postaram-se com seus três sinais, prontos a alertar aos viajantes acerca da ponte carregada pelas águas. Quando os carros se aproximavam, o primeiro homem se endireitava para que os motoristas conseguissem ler: "Ponte Quebrada".

Então, o seguinte apontava para o cartaz, dizendo para os carros reduzirem a velocidade.

E, na hora em que os motoristas obedeciam, conseguiam ver o terceiro cartaz: "Somente Estrada da Direita". E, apesar de ser estreita a estrada, os carros obedeciam e se salvavam. Centenas de vidas foram salvas por aqueles homens e seus cartazes. Por eles terem feito o seu trabalho, muitas pessoas foram afastadas do perigo.

Mas depois de algumas horas começaram a ficar relaxados em seus postos.

O primeiro homem ficou com sono. "Vou me sentar aqui, assim, as pessoas conseguirão ler meu aviso enquanto tiro uma soneca" resolveu. Tirou as placas dos ombros e as apoiou numa pedra grande. Encostou-se no cartaz e caiu no sono. Enquanto dormia, o braço escorregou sobre o cartaz, cobrindo uma das duas palavras. Assim, em vez de dizer "Ponte Quebrada" só dizia "Ponte".

O segundo, não ficou cansado, mas ficou convencido. Quanto mais alertava os motoristas, mais importante se sentia. Alguns até chegavam a encostar o carro para lhe agradecer o bom trabalho.

"Podíamos ter morrido se não nos tivesse avisado para diminuirmos a velocidade", aplaudiam.

"Você é demais", ele pensava consigo mesmo. "Quantas pessoas não estariam perdidas, não fosse por mim?"

Até que começou a achar que era tão importante quanto o cartaz que carregava. Assim, tirou-o dos ombros e o armou no chão, ficando ao lado dele. Mas ao fazer isso, não percebeu que ele também estava cobrindo uma palavra do aviso. Ele ficou parado na frente da palavra "Velocidade". Tudo que os motoristas conseguiam ler era "Reduza". A maioria achou que ele estava fazendo propaganda de algum programa de emagrecimento.

O terceiro homem não estava cansado como o primeiro nem convencido como o segundo. Mas estava preocupado com a mensagem do cartaz que dizia: "Somente Estrada da Direita".

O que o angustiava era que sua mensagem fosse tão estreita, tão dogmática. "As pessoas deviam ter uma escolha. Quem sou eu para dizer a elas qual a estrada certa e qual a errada?"

Assim, resolveu alterar as palavras do cartaz. Riscou a palavra "Somente" e escreveu "Melhor".

"Humm...", pensou, "ainda é autoritário. É melhor não fazer julgamentos morais. Assim, riscou a palavra "Melhor" e escreveu "Sugere-se".

Aquilo ainda não parecia correto. "Talvez as pessoas fiquem ofendidas, se acharem que eu estou dando a entender que sei algo que elas não sabem."

Assim, pensou e pensou, até que finalmente riscou a expressão "Sugere-se", substituindo-a por uma frase mais neutra.

"Ah, perfeito", disse para si mesmo enquanto se afastava para ver melhor.

"Uma Dentre Duas Alternativas Igualmente Válidas — Estrada da Direita."

E assim, como o primeiro homem caiu no sono, o segundo se levantou e o terceiro alterou a mensagem, os carros foram caindo no rio, um após o outro.

Este é aquele que vem após mim...
do qual não sou digno de desatar
a correia da alparca.

JOÃO 1.27

24

O ENCANTO DA SANTIDADE

Conduzindo ou Confundindo?

João Batista nunca seria contratado hoje. Nenhuma igreja o sondaria. Ele era um desastre em relações públicas. Ele "andava vestido de pêlos de camelo, e com um cinto de couro em redor de seus lombos, e comia gafanhotos e mel silvestre" (Mc 1.6). Quem iria querer ver um sujeito desses todos os domingos?

Sua mensagem era tão rude quanto suas roupas: um desafio sensato e firme ao arrependimento porque Deus estava chegando.

Não importava a João se você era judeu, sacerdote, batista ou tudo isso. O que importava era que você saísse de seu sono e acertasse o passo com Deus, porque Ele está vindo e isso não significa talvez.

Não, João nunca seria contratado hoje. Suas táticas careciam de tato. O estilo dele não era suave. Fez poucos amigos e uma porção de inimigos, mas, como é possível? Fez centenas de convertidos. "E toda a província da Judéia e os de Jerusalém iam ter com ele, e todos eram batizados por ele no rio Jordão, confessando os seus pecados" (Mc 1.5).

Veja isto: "toda a província da Judéia e os de Jerusalém..." Como explicar tal reação? Com certeza não era seu carisma nem sua roupa. Nem era seu dinheiro ou sua posição, pois não tinha nem uma coisa nem outra. Nesse caso, o que ele tinha?

Uma palavra. Santidade.

João Batista separou-se para uma tarefa: ser a voz de Cristo. Tudo em João girava em torno de seu propósito. Sua roupa. Sua comida. Suas ações. Suas exigências.

Ele fazia seus ouvintes lembrar de Elias. E ele nos lembra esta verdade: "Há encanto na santidade". Você não precisa ser como o mundo para causar um impacto no mundo. Você não precisa ser como a multidão para mudar a multidão. Você não precisa se rebaixar ao nível deles para elevá-los até o seu nível.

Também não precisa ser excêntrico. Não precisa usar pêlos de camelo nem comer insetos. Santidade não é procurar ser estranho. Santidade é procurar ser igual a Deus.

Você quer fazer diferença no seu mundo? Viva uma vida santa:

Seja fiel à sua esposa.

Seja, no escritório, aquele que se recusa a trapacear.

Seja o vizinho que age como um bom vizinho.

Seja um empregado que faz o trabalho e não reclama.

Pague suas contas.

Faça sua parte e goze a vida.

Não se deixe falar uma coisa e fazer outra.

Note a última linha das palavras de Paulo em 1 Tessalonicenses 4.11,12.

> Procurem viver em paz, tratem dos seus próprios negócios e vivam do seu próprio trabalho, como já dissemos antes. Assim vocês não só conseguirão o respeito de todos os que não são cristãos, mas também não dependerão de ninguém (BLH).

Uma vida de paz leva os descrentes a respeitarem os crentes. Que seria se a vida de João não se harmonizasse com as suas palavras? Que seria se ele pregasse arrependimento e vivesse em imoralidade? Que seria se ele chamasse à santidade, mas, mesmo assim, fosse famoso por sua desonestidade? Se a vida de João não se harmonizasse com as palavras, sua mensagem cairia no vazio.

Assim também a nossa.

As pessoas mais observam nossas ações do que ouvem nossas palavras.

Francisco de Assis convidou certa vez um jovem monge a acompanhá-lo porque iria pregar na cidade. O noviço sentiu-se honrado com a oportunidade. Os dois dirigiram-se à cidade, e depois andaram para cima e para baixo seguindo a rua principal e por várias ruas secundárias. Conversaram com vendedores ambulantes e cumprimentaram os moradores. Depois de algum tempo, voltaram por outro caminho para a abadia.

O jovem lembrou a Francisco sua intenção original:

O senhor se esqueceu de que fomos à cidade pregar.

Meu filho —, respondeu ele, — nós pregamos. Fomos vistos por muitos. Nosso comportamento foi observado de perto. Nossas atitudes foram avaliadas com rigor. Nossas palavras foram ouvidas indiretamente. É por isso que já pregamos nosso sermão da manhã.[1]

João foi a voz de Cristo não só com sua voz. Sua vida acompanhava suas palavras. Quando os gestos e as palavras de uma pessoa são iguais, a fusão é explosiva. Mas quando a pessoa diz uma coisa e vive outra, o resultado é destrutivo. As pessoas saberão que somos cristãos, não por causa do nome que carregamos, mas pela vida que levamos.

É a vida que conquista o nome, não é o nome que cria a vida. Eis uma história que ilustra esse fato.

Um casal de judeus estava discutindo acerca do nome que dariam ao primogênito. Por fim, pediram a intervenção do rabino.

Qual o problema? — perguntou o homem.

A esposa falou primeiro:

Ele quer dar ao menino o nome do pai dele, e eu quero dar a ele o nome do meu pai.

Qual o nome do seu pai? — perguntou ele ao marido.

José.

E qual o nome de seu pai? — perguntou ele à mulher.

José.

O rabino ficou atordoado.

Então, qual o problema?

Foi a esposa quem falou de novo.

O pai dele era ladrão de cavalos, e o meu, um homem honesto. Como vou saber se meu filho ganhou o nome de meu pai e não o do pai dele?

O rabino pensou, e então respondeu:

Chamem o menino de José. Depois vejam se ele é um ladrão de cavalos ou um homem honesto. Vocês saberão de quem é o nome que ele recebeu.

Uma coisa é você dizer que é filho de Deus. Ser chamado filho de Deus por aqueles que observam sua vida é totalmente diferente.

E, passando Jesus, viu um homem cego de nascença. E os seus discípulos lhe perguntaram, dizendo: Rabi, quem pecou, este ou seus pais, para que nascesse cego?

João 9.1,2

14/06/2011

25

OLHE ANTES DE ROTULAR

Cuidando ou Condenando?

Não faz muito tempo, durante as férias, levamos nossas filhas a uma cidade histórica. Quando visitávamos uma casa antiga, colocamo-nos atrás de uma família de Nova York. Eles não nos disseram que eram de Nova York. Não era preciso. Eu podia dizer. Usavam roupas de Nova York. O adolescente deles tinha metade da cabeça raspada e, na outra metade, o cabelo passava do ombro. A filha vestia roupas sobrepostas e um grande colar de contas. A mãe parecia que tinha atacado o guarda-roupa da filha e o cabelo do pai estava abaixo do pescoço.

Eu tinha decifrado todos eles. O garoto provavelmente se drogava. Os pais estavam passando pela crise da meia-idade. Eram ricos e miseráveis, e estavam precisando de aconselhamento. Era ótimo eu estar por perto, no caso de desejarem algum conselho espiritual.

Após alguns minutos, eles se apresentaram. Eu estava certo: eram da cidade de Nova York. Mas foi tudo o que acertei. Quando disse meu nome, ficaram estupefatos. "Mal podemos acreditar!" disseram. "Lemos seus livros. Usamos os livros em nossa classe de escola dominical na igreja. Quis ouvi-lo quando você falou em nossa região, mas era a noite da família e..."

Escola dominical? Igreja? Noite da família? Gente, cometi um engano. Um grande engano. Eu tinha pregado o rótulo antes de ver o conteúdo.

Todos nós usamos rótulos. Colamos rótulos em potes e em pastas para saber o que há dentro. Também os colamos em pessoas, pela mesma razão.

João fala-nos de uma vez em que os discípulos também colaram rótulos. Jesus e seus seguidores encontraram um homem cego de nascença. Eis a pergunta que os discípulos fizeram a Jesus: "Quem pecou, este ou seus pais, para que nascesse cego?" (Jo 9.2).

Não importa que o homem esteja mendigando e precise de ajuda. Não importa que o homem tenha passado toda a vida numa caverna escura. Não importa que o homem sentado à frente deles consegue ouvir o que dizem. Vamos falar do pecado dele.

Como é que conseguiam ser tão agressivos? Tão insensíveis? Tão... cegos.

A resposta? (Talvez você não goste.) É mais fácil falar de uma pessoa que ajudá-la. É mais fácil debater a homossexualidade que ser amigo de um gay. É mais fácil defender o aborto que sustentar um orfanato. É mais fácil reclamar do sistema de previdência que ajudar os pobres.

É mais fácil rotular que amar.

É especialmente fácil falar de teologia. Tais discussões fazem-nos sentir cheios de justiça. Justiça própria.

Já que estou confessando pecados, preciso confessar outro. Tive uma discussão teológica desse tipo no Brasil. Nós, os missionários, discutíamos se devíamos oferecer comunhão a pessoas que não eram membros de nossa igreja. O motivo? E se não fossem fiéis? E se não fossem de fato convertidos? E se o coração não fosse correto? Se lhes oferecêssemos comunhão, poderíamos estar fazendo com que comessem do pão e bebessem do cálice de forma indigna, levando-as a pecar (veja 1 Co 11.27). Assim, decidimos que, na primeira visita, ninguém poderia tomar a ceia.

Nossa intenção era boa. Parecia correta. Mas aprendi uma lição.

Adivinhe o que aconteceu. Naquela mesma semana um amigo me disse que gostaria de visitar a igreja. O mesmo amigo que estávamos convidando havia semanas. O mesmo amigo que não mostrava nenhum interesse estava, de repente, interessado. No princípio, fiquei alegre; depois minha alegria sumiu. Disse a ele que poderia vir, mas que não poderia participar da ceia.

Enquanto viver, nunca esquecerei a expressão de seu rosto enquanto passava a bandeja da comunhão para a pessoa seguinte. Ele nunca mais voltou. Quem o condenaria? Havíamos aplicado o rótulo antes de conhecer o interior.

Isso quer dizer que as discussões religiosas são erradas? Claro que não. Isso quer dizer que não devemos nos preocupar com a doutrina ou relaxar em nosso desejo de santidade? Absolutamente, não. Quer dizer que é errado colar o rótulo antes de examinar o conteúdo. Você gosta quando as pessoas o rotulam antes de conhecê-lo?

"Então, você está desempregado?" (Tradução: *Deve ser preguiçoso.*)

"Humm, você é contador?" (Tradução: *Deve ser enfadonho.*)

"Ela é metodista." (Tradução: *Deve ser liberal.*)

"Ela é metodista e votou na esquerda." (Tradução: *Deve ser liberal incorrigível.*)

"Ah, desculpe, não sabia que você era divorciado." (Tradução: *Deve ser imoral.*)

"Ele é fundamentalista." (Tradução: *Burro de cabeça fechada.*)

Rótulos. Um sujeito me deu um na semana passada. Entramos numa discussão acalorada sobre questões éticas. Em algum ponto da discussão, ele perguntou o tipo de trabalho em que eu estava envolvido. Eu lhe disse que era pastor, e ele disse: "Ah, entendi", e calou-se.

Eu queria dizer: "Não, não entendeu. Não me coloque num saco. Não sou pastor. Sou Max e pastoreio. Não me coloque no mesmo saco com todos aqueles marreteiros e hipócritas que você possa conhecer. Não é justo".

Rótulos. Tão convenientes. Cole-o numa pessoa, e você saberá em que prateleira colocá-la.

E se Deus fizesse isso conosco? E se Deus nos julgasse pela aparência externa? E se Ele nos julgasse de acordo com o lugar em que nascemos? Ou nossa profissão? Ou os erros que cometemos quando éramos jovens? Ele não faria isso, não é mesmo?

"Não julgueis para que não sejais julgados. Porque com o juízo com que julgardes sereis julgados, e com a medida com que tiverdes medido vos hão de medir a vós" (Mt 7.1,2).

Seja cauteloso ao julgar. Isso não significa que você não deva discernir. Significa que você não deve formular um veredicto. A medida da graça que você concede é a mesma que você recebe.

Jesus tinha outro jeito de ver o cego de nascença. Em vez de vê-lo como uma oportunidade para discutir, via-o como uma oportunidade para Deus. Por que ele era cego? "Para que se manifestem nele as obras de Deus" (Jo 9.3).

Que visão! O homem não era uma vítima da fatalidade; era um milagre na fila de espera. Jesus não o rotulou. Jesus o ajudou. Jesus estava mais preocupado com o futuro que com o passado.

Com quem você mais se parece nesta história? Alguns de vocês parecem-se com o cego de nascença. Foram assunto de discussão. Foram deixados à margem, como espectadores. Foram rotulados.

Nesse caso, aprenda o que aquele homem aprendeu: Quando todos os outros o rejeitam, Cristo o aceita. Quando todos os outros o deixam, Cristo o encontra. Quando ninguém mais o quer, Cristo reclama sua posse. Quando ninguém mais quer lhe dar um tempinho, Jesus quer lhe dar as palavras da eternidade.

Outros de vocês se parecem com os observadores. Têm julgado. Têm rotulado. Têm batido o martelo e proclamado a condenação antes de conhecer os fatos. Se é o que acontece com você, volte para João 9.4, e compreenda que a obra do Senhor é: "Convém que eu faça as obras daquele que me enviou, enquanto é dia".

Qual a obra de Deus? Aceitar as pessoas. Amar antes de julgar. Cuidar antes de condenar.

Olhe antes de rotular.

Então, alguns dos de Jerusalém
diziam: ... bem sabemos donde este é;
mas, quando vier o Cristo, ninguém
saberá de onde ele é.

João 7.25-27

14/06/2011

26

À PROCURA DO MESSIAS

Como Você o Vê?

Suponha que Jesus venha à sua igreja. Não de forma simbólica. Fisicamente. Realmente. Suponha que Ele venha à sua igreja.

Você o reconheceria? Talvez fosse difícil. Jesus, em seu tempo, não vestia roupas religiosas. É duvidoso que as usasse no nosso tempo. Se Ele viesse hoje à sua igreja, usaria roupas comuns. Nada sofisticado, apenas paletó, sapatos e gravata. Uma gravata... talvez sim, talvez não.

Teria um nome comum. "Jesus" era comum. Suponho que passaria por João, Antônio ou Pedro.

Antônio... gosto desse. Suponha que Antônio, o Filho de Deus, venha à sua igreja.

É claro que não virá de Nazaré nem de Israel. Viria de algum lugar pequenino no fim do mundo, bem escondido na Amazônia.

E Ele seria um trabalhador. Naquele tempo era carpinteiro. Não há motivos para achar que Ele devesse mudar, mas digamos que tenha mudado. Digamos que desta vez seja encanador. Antônio, o encanador.

Deus, encanador?

Dizem os boatos que Ele alimentou um estádio de futebol cheio de gente, perto do lago. Outros dizem que curou o filho de um senador do Acre. Alguns dizem que é o Filho de Deus. Outros dizem que é a piada do ano. Você nem sabe o que pensar.

E, então, no domingo, Ele aparece.

Lá pelo meio do culto, surge no fundo do templo e toma um lugar. Depois de algumas músicas, Ele chega mais para a frente. Após mais uma música, Ele se coloca no púlpito e anuncia: "Vocês estão cantando a respeito de mim. Eu sou o Filho de Deus". Ele pega a bandeja da ceia: "Este pão é o meu corpo. Este vinho é o meu sangue. Quando vocês celebram isto, estão celebrando a mim!"

O que você pensaria?

Ficaria ofendido? Que audácia! Quanta irreverência, um sujeito chamado Antônio ser o Filho de Deus!

Você ficaria interessado? Espere um pouco, como é possível que Ele seja o Filho de Deus? Ele nunca foi ao seminário, nunca estudou numa faculdade. Mas Ele tem alguma coisa...

Você acreditaria? Não posso negar que é loucura. Mas não posso negar o que Ele vem fazendo.

É fácil criticar os contemporâneos de Jesus por não crerem nEle. Mas quando você percebe como Ele veio, consegue compreender o ceticismo das pessoas.

Jesus não cabia no conceito que tinham do Messias. Passado errado. Genealogia errada. Terra natal errada. Nenhum Messias viria de Nazaré. Pequena, interiorana, cidade de uma rua só. Ele não cabia na noção que os judeus tinham do Messias e, assim, em vez de mudar de idéia, resolveram desprezá-lo.

Jesus veio como um deles. Ele era Jesus de Nazaré. Antônio do interior da Amazônia. Alimentou as multidões com mãos calejadas. Ressuscitou mortos usando macacões e boné de alguma oficina.

Eles esperavam luzes e reis e carruagens do céu. O que tinham eram sandálias, sermões e sotaque da Galiléia.

E assim alguns não o perceberam.

E assim alguns não o percebem ainda.

Temos nossos próprios preconceitos, não é mesmo? Ainda achamos que conhecemos o telefone que Deus usa e o carro que Ele dirige. Ainda pensamos que sabemos como Ele é. Mas Ele costuma nos surpreender.

Esperamos que Deus fale por meio da paz, mas às vezes fala por meio da dor.

Pensamos que Deus fala por meio da igreja, mas também fala por meio dos perdidos.

Perguntamos por Ele entre os católicos, mas o encontramos entre os quacres.

Pensamos que o ouvimos no nascer do sol, mas Ele também é ouvido na escuridão.

Procuramos por Ele no triunfo, mas Ele fala de forma ainda mais distinta em meio à tragédia.

Precisamos deixar Deus fazer sua própria definição.

Precisamos deixar nossos preconceitos de lado; se não cometeremos os mesmos erros que uma senhora de Baltimore cometeu recentemente. Nosso ministério radiofônico estava promovendo uma campanha. Depois de falar, fiquei por perto para me encontrar com as pessoas que ouvem meu programa. Aquelas pessoas nunca haviam me visto, mas tinham ouvido minha voz. Logo aproximou-se uma senhora pequena, de certa idade.

O senhor não parece o senhor — foi a primeira frase dela.

Como?

O senhor não parece o senhor. Max Lucado é mais velho, e o cabelo dele é mais grisalho.

Não gostei nem um pouco de desapontar aquela senhora, mas ela estava errada. Eu me parecia exatamente comigo. Meu rosto corresponderia com o retrato na minha carteira de motorista, mas isso não importava para ela. Ela queria um rosto que correspondesse à concepção que já tinha.

Ela fizera uma imagem em sua mente, e aquilo não correspondia ao que via. Ela teve de fazer uma escolha. Ou aceitava o Max verdadeiro, ou viveria com a impressão errada. Precisamos fazer o mesmo com Deus.

Quando o fazemos, quando permitimos que Deus mesmo se defina, abre-se diante de nós um mundo inteiramente novo. Como? pergunta você. Deixe-me explicar com uma história.

Era uma vez um homem cuja vida era miserável. Os dias eram nebulosos e as noites, longas. Henry não queria ser infeliz, mas era. Com o passar dos anos, a vida havia mudado. As crianças haviam crescido. A vizinhança era diferente. A cidade parecia mais dura.

Ele era infeliz. Henry resolveu perguntar ao pastor o que estava errado.

Sou infeliz por causa de algum pecado que cometi?

Sim — o sábio pastor respondeu. — Você pecou.

E qual seria esse pecado?

Ignorância — veio a resposta. — O pecado de ignorância. Um de seus vizinhos é o Messias disfarçado, e você não o viu.

O velho homem deixou o gabinete atordoado. "O Messias é um de meus vizinhos?" E começou a imaginar quem poderia ser.

Tom, o açougueiro? Não, ele é muito preguiçoso. Maria, minha prima do fim da rua? Não, muito orgulhosa. Arão, o entregador de jornais? Não, muito indulgente. O homem estava confuso. Todas as pessoas que conhecia tinham defeitos. Mas uma era o Messias. Ele começou a procurá-lo.

Henry começou a perceber coisas que nunca tinha visto. O quitandeiro muitas vezes carregava os pacotes até o carro das senhoras mais idosas. *Quem sabe ele seja o Messias*. O guarda da esquina sempre tinha um sorriso para a garotada. *Não podia ser?* E o jovem casal que se mudara para a casa ao lado. *Como eram carinhosos com o gato. Quem sabe um deles...*

Com o tempo, viu nas pessoas uns pontos que nunca vira. E, com o tempo, sua perspectiva começou a mudar. A alegria voltou para os seus passos. Seus olhos ganharam um brilho amigo. Quando os outros falavam, ele ouvia. Afinal, talvez estivesse ouvindo o Messias. Quando alguém pedia ajuda, ele atendia; afinal, todos eles poderiam ser o Messias precisando de uma ajuda.

A mudança de atitude foi tão significativa que alguém lhe perguntou por que estava tão contente. "Não sei", respondeu ele, "tudo que sei é que as coisas mudaram quando comecei a procurar Deus".

Bem, o curioso é que o velho homem viu a Jesus porque não sabia como Ele era. As pessoas do tempo de Jesus não o perceberam porque achavam que sabiam.

Como vão as coisas na sua vizinhança?

15/06/2011

E Simão Pedro estava ali, e aquentava-se. Disseram-lhe pois: Não és também tu um dos seus discípulos? Ele negou, e disse: Não sou.

E um dos servos do sumo sacerdote, parente daquele a quem Pedro cortara a orelha, disse: Não te vi eu no horto com ele?

E Pedro negou outra vez, e logo o galo cantou.

JOÃO 18.25-27

15/06/2011

27

PEDRO, EU E O COIOTE

Culpa ou Graça?

Coiote persegue furiosamente o Papa-Léguas. De repente a ave pára. O Coiote tenta, mas não consegue, e ele passa direto pelo Papa-Léguas, escorregando até a ponta de um penhasco. O chão cede e, só por um instante, vemos seus olhos em forma de pires. E então Coiote se espatifa. *Ploft*!

Gosto muito dos desenhos do Papa-Léguas. Coiote e eu temos uma sina em comum. Eu também me aventurei bem perto do penhasco. Também me vi num terreno incerto, e levei um tombo. Eu também fiz aquele olhar do tipo "rapaz, isso vai doer!" Também olhei para cima, do fundo da lama, aturdido e estupefato.

Mas Coiote possui uma coisa. Eu não. Ele é invencível. Nunca fica machucado. As quedas não o perturbam. Na cena seguinte, ele está empilhando dinamite ou pintando uma parede, deixando-a parecer um túnel. Em segundos, ele sai da lama, e volta a caçar.

Você e eu não nos recuperamos com tanta facilidade. Caímos como Coiote. Mas, diferentes de Coiote, vagueamos pelo precipício por um tempo. Aturdidos, machucados... e imaginando se existe algum jeito de sair do barranco.

Poucos de nós afundaram tanto quanto Pedro. Isso é uma ironia, já que, uma ou duas horas antes, ele estava no alto do pináculo e longe do precipício. "Simão Pedro, que tinha a espada, desembainhou-a, e feriu o servo do sumo sacerdote, cortando-lhe a orelha direita" (Jo 18.10).

Presunçosamente, Pedro coloca-se ao lado de Jesus, sacando sua espada. "Fique de lado, Jesus, vou cuidar deste aqui para o Senhor." Meu palpite é que Pedro esperava uma luta. Meu palpite é que Pedro ficou aturdido quando Jesus lhe disse para guardar a espada. A próxima coisa de que Pedro se lembra é de Jesus e os soldados descendo o monte, e ele sozinho com sua decisão. Devia ficar grudado em Jesus ou se esconder na escuridão? Ele não escolheu um nem outro.

Lucas conta-nos que Pedro seguiu Jesus e seus captores à distância (veja Lc 22.54). Nem muito perto, nem muito longe. Perto o suficiente para vê-lo, mas não o suficiente para ser visto ao seu lado. O amor fez com que Pedro tivesse vergonha de fugir; o medo fez com que ele tivesse vergonha de se aproximar. Os discípulos escolheram o lado esquerdo do caminho, e fugiram. Jesus escolheu o lado direito do caminho, e obedeceu. Mas Pedro escolheu a faixa branca do meio. GRANDE erro.

Seria melhor ocultar-se nas sombras com os discípulos. Seria melhor ficar na corte, ao lado do Mestre. Mas, em vez disso, Pedro está aquecendo as mãos na lareira do diabo. Uma jovem o reconhece e pergunta:

Você também não é seguidor desse homem?

Não, não sou. — nega.

Momentos depois, perguntam-lhe de novo:

Você não é um dos seguidores do homem?

E, pela segunda vez, ele nega o Senhor. A terceira pergunta vem de um parente de Malco:

Eu não vi você com Ele no jardim?

Dessa vez, Pedro pragueja só de pensar (Mt 26.74).

A cada negativa, Pedro aproxima-se mais da borda do precipício... até que o chão cede, e ele cai.

Você já esteve lá? Você já sentiu o chão da acusação ceder sob seus pés? A rocha esmigalha-se, seus olhos arregalam-se, e lá vai você. *Ploft*!

E agora, que fazer? Poderia ficar no abismo. Muitos ficam. Muitos vivem nas sombras. Muitos nunca voltam. Alguns menosprezam seus atos. "Bem, todo mundo dá uns escorregões de vez em quando." Alguns negam seus atos. "Caí? Eu? Você está brincando? Não tenho arranhões. Não tenho cortes. Estou mais saudável que nunca. Eu e Jesus? Estamos juntinhos." Outros distorcem seus atos. "Não sou culpado. A falha foi dele. A responsabilidade é da sociedade. Se o pessoal não tivesse perguntado para mim, eu não teria respondido. Não me aponte o dedo".

Quando caímos, podemos menosprezar o fato. Podemos negá-lo. Podemos distorcê-lo. Ou podemos lidar com o problema.

Lucas acrescenta uma frase desalentadora a seu relato da negação de Pedro. Quando o galo cantou, "virando-se, o Senhor olhou para Pedro" (Lc 22.61).

O galo lembra a Pedro o aviso de Jesus. Os olhos de Pedro se levantam e percorrem a corte, só para descobrir Jesus olhando para ele. Jesus está sendo assolado por acusações, mas Ele não consegue ouvi-las. Ouve apenas a negação do amigo.

Se Pedro chegou a pensar que poderia manter a negação em segredo, agora sabe que não pode. "Não há criatura alguma encoberta diante dele; antes todas as coisas estão nuas e patentes aos olhos daquele com quem temos de tratar" (Hb 4.13).

Não podemos manter segredos diante de Deus. Confessar não é dizer a Deus o que fizemos. Ele já sabe. Confessar é simplesmente concordar com Deus, reconhecendo que nossos atos estavam errados. Será que Pedro fez isso? Mais uma vez, vamos deixar Lucas falar: "E Pedro lembrou-se da palavra do Senhor, como lhe havia dito: Antes que o galo cante hoje, me negarás três vezes. E, saindo Pedro para fora, chorou amargamente" (Lc 22.61,62).

Cada lágrima, uma confissão; cada soluço, um reconhecimento. Pedro lembra-se das palavras de Jesus, e chora.

Há uma velha história do tempo em que o imperador Frederico, o Grande, visitou a Prisão de Potsdam. Ele falou com os prisioneiros, e todos os homens afirmaram que eram inocentes, que eram vítimas do sistema. Um deles, no entanto, ficou sentado num canto, calado.

E o senhor, a quem culpa pela sua sentença? — perguntou o governante.

Sua majestade —, respondeu ele. — Sou culpado, e mereço plenamente a punição.

Surpreso, o imperador gritou para o administrador da prisão:

Venha logo, e tire este homem daqui, antes que corrompa toda essa gente inocente.[1] O governante pode nos libertar, desde que concordemos que estamos errados.

Não nos fazemos favor nenhum justificando nossos erros ou atenuando nossos pecados. Um tempo atrás, entrou uma farpa no dedo de minha filha Andrea. Levei-a para o banheiro, e providenciei pinça, remédio e Band-Aid.

Ela não gostou do que viu. "Só Band-Aid, papai."

Às vezes, somos exatamente como Andrea. Chegamos a Cristo com nosso pecado, mas tudo que queremos é um Band-

Aid. Queremos escapar do tratamento. Queremos esconder nosso pecado. E ficamos perguntando se Deus, mesmo em sua grande misericórdia, irá curar o que escondemos. "Se dissermos que não temos pecado, enganamo-nos a nós mesmos, e não há verdade em nós. Se confessarmos os nossos pecados, ele é fiel e justo, para nos perdoar os pecados, e nos purificar de toda a injustiça" (1 Jo 1.8,9).

Chegar para Deus não é como chegar para o Papai Noel. Uma criança senta-se no colo gorducho. Noel belisca a bochecha da garotinha, e pergunta:

Você é uma boa menina?

Sou — dá uma risadinha. E então ela lhe diz o que deseja e desce. É um jogo. É infantil. Ninguém leva a pergunta de Papai Noel a sério. Isso talvez funcione na loja de departamentos, mas não vai funcionar com Deus.

Como Deus pode curar o que negamos? Como Deus pode tocar o que cobrimos? Como podemos ter comunhão enquanto guardamos segredos? Como Deus pode nos dar perdão se não admitimos que somos culpados?

Ahh, eis a palavra: *culpa*. Não é ela que evitamos? Culpa. Não é isso que detestamos? Mas será que a culpa é tão ruim? Que implica a culpa, se não que sabemos distinguir o certo do errado, que queremos ser melhores do que somos, que sabemos que existe um país superior e que estamos no país inferior? Isto é culpa: um arrependimento saudável por ter dito uma coisa para Deus, e feito outra.

A culpa é o terminal nervoso do coração. Ela nos puxa para trás quando chegamos muito perto do fogo. "A tristeza segundo Deus opera arrependimento para a salvação, da qual ninguém se arrepende" (2 Co 7.10).

O sentimento de culpa não é uma tragédia. Não ter sentimento de culpa é.

Quando Pedro viu Jesus olhando para ele do outro lado da corte, ficou tomado de culpa.

Como seria se Pedro não tivesse lidado com seus sentimentos de culpa? Como seria se Pedro tivesse menosprezado, negado ou distorcido seu pecado? Como seria se ele nunca saísse do precipício? Quantos sermões deixariam de ser pregados? Quantas vidas deixariam de ser tocadas, e quantas epístolas deixariam de ser escritas?

Se Pedro não tivesse sentido culpa na corte, jamais teria proclamado a graça no Pentecoste. Se Pedro não tivesse deixado o precipício, nunca teria compartilhado Cristo.

Isso nos faz pensar nas inúmeras histórias escondidas que estão andando no fundo do abismo hoje... Quantas vidas estão sendo neutralizadas pela culpa? Quantos Pedros estão nas sombras, querendo sair de lá, mas sem saber como?

Pedro mostra o caminho.

Note bem: há dois fogos na história de Pedro. O primeiro é o fogo da negação, mas o segundo é o fogo da descoberta. O primeiro fogo foi ateado pelos homens; o segundo, foi ateado por Cristo. No primeiro fogo, Pedro negou a Jesus. No segundo, Pedro o confessou.

O que levou Pedro de um fogo a outro? Como ele trilhou do fogo da negação para o fogo da descoberta? Entre os dois fogos há dois acontecimentos: as lágrimas de Pedro e a cruz de Jesus. Ambos são essenciais. Se Pedro tivesse derramado as lágrimas, mas não tivesse visto a cruz, poderia ficar apenas desesperado. Tivesse visto a cruz, mas não derramado lágrimas, poderia ficar apenas arrogante. Mas vendo um e outro, Pedro conheceu a redenção.

Junte as lágrimas do pecador com a cruz do Salvador, e o resultado é uma escolta alegre que tira do abismo da culpa.

Na casa de meu Pai há muitas moradas: se não fosse assim, eu vo-lo teria dito: vou preparar-vos lugar.

João 14.2

15/06/2011

28

PRONTO PARA CASA

Pronto ou Não

Se você passasse pela costa britânica em 1845, teria visto dois navios tripulados por 138 dos melhores marinheiros ingleses rumando para o Ártico. A tarefa? Cartografar a Passagem do Noroeste pelo Ártico canadense até o Oceano Pacífico.

O capitão, Sir John Franklin, esperava que o feito provocasse uma reviravolta na exploração do Ártico. A história mostra que sim. Não por causa de seu sucesso, mas por causa do fracasso. Os navios nunca voltaram. Todos os tripulantes pereceram. E os que depois seguiram as rotas daquela expedição aprenderam esta lição: Prepare-se para a viagem.

Aparentemente, Franklin não se preparou. Embora a viagem tivesse sido planejada para durar dois ou três anos, o carvão que levava para alimentar o sistema auxiliar de máquinas a vapor era suficiente para doze dias apenas. Mas o que lhe faltava em combustível, sobrava em lazer. Cada navio carregava "uma biblioteca de 1.200 volumes, um órgão portátil, jogos de porcelana chinesa para os oficiais e a tripulação, taças de cristal lapidado e talheres de prata de lei".[1]

A tripulação estava planejando uma expedição para o Ártico ou um cruzeiro pelo Caribe? A julgar pelos suprimentos, seria possível ficar com a segunda opção. Os marinheiros não levavam nenhuma roupa especial que os protegesse do frio. Só os uniformes da marinha britânica. Nobres e imponentes, mas finos e inadequados.

As facas, os garfos e as colheres de prata eram tão enfeitadas quanto os encontrados nos clubes de oficiais da Marinha Real: pesados nos cabos, sofisticados nos ornamentos. Anos mais tarde, alguns desses apetrechos de mesa seriam encontrados perto de um amontoado de corpos canibalizados.

O inevitável aconteceu. Os dois navios estavam despreparados para navegar em águas gélidas. O gelo cobriu o convés, a verga e os cabos. O mar congelou-se em torno do leme e prendeu o navio.

Os marinheiros saíram à procura de ajuda, usando seus uniformes e carregando seus pertences. Índios inuit relataram que viram um grupo arrastando um barco de madeira pelo gelo. Nos cinco anos seguintes, restos da expedição foram encontrados por todo o mar congelado. O barco, ou um outro, similar, foi mais tarde descoberto. Continha trinta e cinco corpos. Outros índios descobriram, sobre o gelo, uma tenda com trinta corpos.

Franklin morreu no barco. Equipes de busca por fim descobriram uma pedaço do tabuleiro de gamão que Lady Jane Franklin havia dado ao marido como presente de despedida.

A muitos quilômetros do navio, foi descoberto o esqueleto de um oficial, ainda vestindo calças e jaqueta de "fino tecido azul... debruados de prata, com mangas rasgadas, tendo, cada uma, cinco botões. Por cima do uniforme, o morto usava um casaco azul e um cachecol preto de seda".[2]

É estranho como os homens conseguiram embarcar em tal jornada despreparados, mais equipados para um chá da tarde que para o mar aberto.

É estranho que ainda façamos o mesmo. Às vezes, agimos como se a vida cristã fosse um cruzeiro de aposentados. Temos pouco combustível, mas muita diversão. Estamos mais preocupados em parecer elegantes que em estar preparados. Damos mais importância a jogos de mesa que à sobrevivência durante a jornada. Damos pouca importância ao destino, mas cuidamos para ter muita prata à nossa volta.

E, assim, quando vem o frio, pulamos para o gelo com garfos, jogos e roupas escassas e passamos nossos últimos dias andando contra o vento, muitas vezes culpando a Deus por nos meter em tal confusão.

Mas Deus não é o culpado. Se navegamos despreparados, não é por culpa dEle, mas apesar dEle. Ele deixou instruções detalhadas para a viagem. Sua Palavra é nosso mapa; o Espírito Santo, nossa bússola.

Ele traçou a rota e descreveu os pontos de referência que devemos procurar.

Ele até nos ensinou o que pôr nas malas para a viagem: caridade, gozo, paz, longanimidade, benignidade, bondade, fé, mansidão, temperança (veja Gl 5.22,23).

E, o que é mais importante, Ele foi antes de nós, e vai ao nosso lado. Ele é tanto o pioneiro como o companheiro de viagem! E quando ficamos cansados, tudo que precisamos fazer é ouvir sua voz. Ele tem promessas especiais para nos manter no caminho.

"Na casa de meu Pai há muitas moradas."

Que frase mais doce! Casa implica descanso, segurança, calor, mesa, cama, um lugar para ficar à vontade. Mas não é uma casa qualquer. É a casa de nosso Pai.

Todos sabemos como é estar numa casa que não é nossa. Quem sabe você tenha passado um tempo numa pensão ou num alojamento militar. Quem sabe você tenha dormido em hotéis ou ocupado beliches em albergues. Eles têm camas. Têm mesas. Têm comida e talvez sejam quentes, mas estão longe de ser a "casa do pai".

A casa do seu pai é o lugar em que seu pai está.

Você consegue lembrar-se da voz de seu pai? Chegando do trabalho, enchendo os corredores? Soando pelos quartos? Alguns conseguem. E, para muitos, a lembrança é querida.

Outros não têm essa memória, mas a desejam. "Porque quando meu pai e minha mãe me desampararem, o Senhor me recolherá" (Sl 27.10).

Seu pai está preparando um lugar para você. Um lugar com *muitos* quartos. Um lugar amplo. Um lugar com espaço para você. Existe um quarto especial para você. Você será bem-vindo.

Não é sempre que você se sente bem-vindo aqui na terra. Ficamos pensando se existe um lugar para nós. Há pessoas que nos fazem sentir indesejáveis. Tragédias fazem-nos sentir como intrusos. Estrangeiros. Posseiros numa terra que não é nossa. Aqui, nem sempre nos sentimos bem-vindos.

Nem devíamos. Esta não é a nossa casa. Não é nenhuma tragédia sentir-se indesejável. Aliás, é saudável. Aqui, não estamos em casa. Esta língua que usamos não é a nossa. E o mundo em que moramos não é nossa casa.

A nossa ainda não está pronta.

Mas quando estiver, nosso irmão virá para levar-nos para casa. "Se não fosse assim, eu vo-lo teria dito: vou preparar-vos lugar", disse Ele, antes de partir, "e, seu eu for e vos preparar lugar, virei outra vez e vos levarei para mim mesmo, para que onde eu estiver estejais vós também" (Jo 14.2,3).

A primeira frase é curiosa. "Se não fosse assim, eu vo-lo teria dito." Por que Ele disse isso? Será que viu dúvidas no coração dos discípulos? Percebeu confusão no rosto deles? Não sei o que Ele viu nos olhos dos discípulos. Mas sei o que Ele vê nos nossos.

Ele vê o que as comissárias de bordo vêem quando nos dão as instruções antes do vôo.

Ele vê o que os médicos vêem muitas vezes quando mandam os pacientes pararem de fumar.

Ele vê o que pastores vêem quando dizem na igreja, domingo de manhã, que qualquer um deles pode morrer hoje.

"Sim, claro. Mas é pouco provável."

Não dizemos as palavras. Mas pensamos. Claro, este avião pode explodir, mas é bem provável que não. Assim, em vez de escutar, vou ler minha revista. Claro que eu poderia morrer de câncer, mas é bem provável que não. Assim, em vez de parar de fumar hoje, vou esperar um pouco. Claro que eu poderia morrer hoje, mas...

William Nelson foi general da União na Guerra Civil. Embora visse a morte todos os dias, nunca se preparou para ela. Quem poderia dizer em que ele ficava pensando enquanto cavalgava de batalha em batalha? Talvez estivesse ocupado demais em continuar vivo, para preparar-se para a morte.

Mas tudo aquilo mudou, certo dia, quando estava descansando numa casa com seus homens. Começou um alvoroço, e ele foi atingido no peito. Sabendo que estava para morrer, fez apenas um pedido: "Mande-me um pastor".

O que aconteceu? Por que a urgência? Será que, de repente, o general havia aprendido algo que nunca soubera a respeito de Deus? Não. Mas aprendeu algo a respeito de si. Ele percebeu que a morte estava próxima. De repente, só uma coisa importava.[3]

Por que ele não se preocupou antes? Não podia ter dito sim para Deus na semana anterior ou mesmo naquela manhã? Claro. Por que não o fez? Por que a salvação de sua alma era tão urgente após o tiro e tão opcional antes? Por que havia postergado sua decisão de aceitar a Cristo até o leito de morte?

Porque ele achava que tinha tempo.

Uma pressuposição perigosa. "Ensina-nos a contar os nossos dias, de tal maneira que alcancemos corações sábios" (Sl 90.12).

Como é grande o temor que ataca o homem quando a morte chega, e ele não está preparado.

Como deve ter sido grande o temor que atingiu a tripulação de Sir John Franklin quando ficaram presos no gelo. Quanta angústia em procurar comida e encontrar prata, revirar guarda-roupas para encontrar casacos e uniformes, para correr o navio à procura de picaretas e martelos e achar apenas jogos de gamão e romances.

Você não sabe que trocariam tudo aquilo, sem pestanejar, pelo que precisavam para voltar a salvo para casa?

Por falar nisso, quais os suprimentos que você está carregando? Está carregando sua cota de prata e jogos? Não se engane; talvez aqui sejam importantes, mas não terão importância alguma quando você chegar à casa do Pai. O que importa é que você seja conhecido pelo Pai.

Não é o que você tem, mas quem você conhece. Esteja preparado. Você não vai querer ser deixado no frio.

Veio para o que era seu, e os seus não
o receberam.

João 1.11

16/06/2011

29

O POVO DA CAVERNA

Você Vai Partilhar a Luz?

Há muito tempo atrás, ou nem tanto tempo assim, vivia uma tribo numa caverna escura e fria.

Os moradores da caverna viviam amontoados, e reclamavam do frio. Soltavam longos lamentos em voz alta. Era tudo que faziam. Era tudo que sabiam fazer. Os sons na caverna eram fúnebres, mas as pessoas não sabiam, porque não sabiam o que era alegria. O espírito na caverna era de morte, mas as pessoas não sabiam, porque não sabiam o que era vida.

Mas então, certo dia, ouviram uma voz diferente.

Ouvi o lamento de vocês — anunciava a voz. — Senti o frio de vocês, e vi o escuro em que vivem. Vim ajudar.

O povo da caverna ficou quieto. Nunca tinham ouvido tal voz. A esperança soava-lhes estranha aos ouvidos.

Como vamos saber se você veio realmente para ajudar?

Confiem em mim — respondeu ele. — Tenho o que vocês precisam.

O povo da caverna examinou, através da escuridão, o perfil do estranho. Ele empilhava alguma coisa, parava e voltava a empilhar.

O que você está fazendo? — alguém gritou, nervoso.

O estranho não respondeu.

O que você está fazendo? — alguém gritou mais alto ainda.

Ainda sem resposta.

Fale para nós! — exigiu o terceiro.

O visitante endireitou-se, e falou na direção das vozes.

Tenho o que vocês precisam. — Dizendo isso, voltou-se para a pilha a seus pés, e ateou fogo. A madeira incendiou-se, as chamas subiram e a luz encheu a caverna.

O povo da caverna deu as costas, amedrontado.

Apague isso! — berraram. — Machuca os olhos!

A luz sempre machuca antes de ajudar — respondeu ele. — Cheguem mais perto. O desconforto logo passa.

Eu não — declarou uma voz.

Nem eu — concordou uma segunda.

Só um bobo se arriscaria a expor os olhos a uma luz dessas.

O estranho continuou perto do fogo.

Vocês preferem a escuridão? Vocês preferem o frio? Não se aconselhem com o medo. Dêem um passo de fé.

Por um bom tempo, ninguém falou. O povo amontoava-se em grupos, cobrindo os olhos. O autor da fogueira continuava ao lado do fogo.

Aqui está quente — convidava.

Ele está certo — falou alguém atrás dele — Está mais quente.

O estranho virou-se e viu uma pessoa chegando devagar para perto do fogo.

Agora consigo abrir os olhos — ela proclamou. — Estou conseguindo ver.

Chegue mais perto — convidou o autor da fogueira.

Ela obedeceu. A mulher colocou-se ao alcance da luz.

Está tão quente! — estendeu as mãos, e suspirou quando o frio começou a passar. — Venham, todos! Venham sentir o calor! — convidava ela.

Fique quieta, mulher! — gritou um dos moradores da caverna — Vai nos fazer cair em sua loucura? Deixe-nos. Deixe-nos, e fique com sua luz.

Ela se voltou para o estranho.

Por que eles não vêm?

Eles escolheram o frio pois, apesar do desconforto, é o que eles conhecem. Preferem ficar com frio a mudar.

E viver no escuro.

A mulher, agora aquecida, ficou em silêncio. Olhou primeiro para a escuridão, depois para o homem.

Você vai abandonar o fogo?

Ela parou, depois respondeu:

Não posso. Não consigo suportar o frio — depois, falou novamente. — Mas também não consigo suportar a idéia de ver meu povo na escuridão.

Nem precisa — respondeu ele, estendendo a mão para a fogueira e pegando um galho. — Leve isto para o seu povo. Fale para eles que a luz está aqui, e que ela é quente. Fale para eles que a luz é para todos que quiserem.

E assim ela pegou uma pequena tocha e entrou na escuridão.

16/06/2011

Bem sei os pensamentos que penso de vós, diz o Senhor; pensamentos de paz, e não de mal, para vos dar o fim que esperais.

JEREMIAS 29.11

30

SE VOCÊ AO MENOS SOUBESSE

O que fiz com boa intenção foi mal interpretado... por um beija-flor.

Dúzias desses pequenos amigos passeiam em torno de nossa casa. Nós oferecemos o néctar, e eles oferecem o encantamento.

Ontem, um deles teve problemas. Ele voou para dentro da garagem e ficou perdido. Apesar de a porta estar aberta para que saísse, ele não conseguia vê-la. Pelo contrário: insistia em bater a cabeça contra a janela fechada. Estava determinado a sair, mas sua determinação não quebrava o vidro.

Logo toda nossa família estava na garagem, lamentando sua confusão. "Ajude-o, papai", veio o coro das minhas filhas.

Então tentei. Abri a janela, esperando que voasse por ela — mas não voou. Ele escalou o friso da janela quando ela subiu. Cutuquei-o com um cabo de vassoura, achando que poderia voar pela janela, mais abaixo. Mas não voou. Bati nele com mais força. Ele não se moveu. Finalmente, depois de várias cutucadas firmes, ele fez um movimento... para o lado errado. Em vez de voar para a frente, agitou-se para trás, ficando entre as duas placas de vidro. Agora estava preso.

Que triste visão. Um passarinho debatendo-se dentro do vidro. Não tive escolha. Enfiei meus dedos pela abertura, agarrei algumas penas e o puxei para fora. Tenho certeza de que ele não apreciou o puxão, mas pelo menos estava livre.

"Tive um dia horrível, Marta. Fiquei preso numa sala enorme com uma saída falsa. Eles fizeram aquilo ter aparência de um buraco, mas não era. Depois, tentaram me esmagar com aquela plataforma móvel. Mas ela parou antes de chegar lá em cima. O sujeito maior, feio, veio atrás de mim com uma vara. Bem na hora que ele ia me furar, fiz um movimento para me safar. Eu me esquivei do sujeito mas caí na armadilha deles — um quarto estreito de paredes invisíveis. Que crueldade. Aí o feio veio atrás de mim de novo, dessa vez com os dedos. Estava querendo pegar meu pescoço. Mas eu driblei o sujeito. Assim que ele me trouxe para fora, eu me livrei dele, liguei o turbo e escapei. Ainda bem, se não eles iam ter beija-flor no jantar."

Eu estava sendo bondoso. O pássaro achou que eu era cruel. Se o passarinho ao menos soubesse que eu estava ali para ajudar... Se pelo menos soubesse que eu estava do lado dele... Se ao menos compreendesse que a plataforma móvel e a vara eram para protegê-lo...

Se ele ao menos soubesse...

Bem, posso estar exagerando em relação ao passarinho, mas não estou exagerando no que quero dizer. Todos os dias, a ajuda estendida por Deus é mal interpretada, como se fosse para ferir. Reclamamos de janelas fechadas, sem perceber a saída logo abaixo. Escapamos da vara que nos guia, e fugimos dos dedos que nos libertam.

"Se você ao menos soubesse..." eram minhas palavras para o pássaro.

"Se você ao menos soubesse..." são as palavras de Deus para nós.[1]

Nenhuma preleção. Nenhum discurso. Nenhum sermão sobre tudo o que Deus faz para nos salvar. Nenhum dedo apontando nosso passado. Nada disso. Só um apelo. Um apelo à confiança. "Se você ao menos soubesse..."

"Se você ao menos soubesse que eu vim para salvar e não para condenar... Se você ao menos soubesse que amanhã será melhor que hoje... Se você ao menos soubesse o presente que eu trouxe: vida eterna... Se você ao menos soubesse que eu o quero a salvo em casa..."

Se você ao menos soubesse...

Que palavras melancólicas para sair dos lábios de Deus. Quanta bondade em deixar-nos ouvi-las. Como é importante pararmos para escutá-las. Se ao menos soubéssemos confiar... Confiar que Deus deseja o melhor. Confiar que Ele está falando sério quando afirma: "Bem sei os pensamentos que penso de vós, diz o Senhor; pensamentos de paz, e não de mal, para vos dar o fim que esperais" (Jr 29.11).

Se ao menos pudéssemos aprender a confiar nEle...

Mas como é difícil! Trememos como o pássaro na borda da janela, esquivando-nos da mão que chega para ajudar. Esquecemos que Ele é o piloto e nós, seus passageiros.

Acusamos, falsamente. Rejeitamos, ingenuamente.

Se ao menos soubéssemos...

Quando Ele lavou os pés dos discípulos, estava lavando os nossos; quando acalmou a tempestade deles, estava acalmando as suas; quando perdoou Pedro, estava perdoando todos os arrependidos. Se você ao menos soubesse...

Ele ainda envia pombas para convencer os perdidos, e música para inspirar a dança.

Ele ainda faz de nossas tempestades seu caminho; de nossos túmulos, sua prova; de nossa alma, sua paixão.

Ele não mudou.

Ele poda galhos para que possamos dar frutos;

Ele chama as ovelhas para que fiquem seguras;

Ele ouve as orações dos ladrões para que possamos voltar para casa.

Seu trovão ainda é gentil.

E sua suavidade ainda troveja.

Se você ao menos conhecesse "o dom de Deus, e quem é o que te diz..."

O dom e o Doador. Se você os conhece, conhece tudo o que precisa.

NOTAS

Capítulo 2 O Cão de Caça do Céu

1. Francis Thompson, *Poetical Works of Francis Thompson* (Nova York: Oxford, 1969), p. 89-94.

2. Ibid.

3. Fred Craddock, *Overhearing the Gospel* (Nashville: Abingdon, 1978), p. 105-8.

4. Ibid.

5. Frederick Buechner, *The Alphabet of Grace* (Nova York: HarperCollins, 1970), p. 43-44.

Capítulo 4 Milagre à Meia-Noite

1. Eles entraram no barco no começo da noite (Jo 6.16), devendo ser em torno de seis horas. Jesus aproximou-se deles entre três e seis horas da manhã.

2. Veja Deuteronômio 1.2.

Capítulo 8 Lições do Jardim

1. William Barclay, *The Gospel of John*, vol. 2 (Filadélfia: Westminster, 1975), p. 222.

Capítulo 9 Que Fazer com os Aniversários

1. Esse comentário e muitas das outras brincadeiras aqui apresentadas são extraídas de *A Spread of Over 40s Jokes*, editado por Helen Exley e publicado por Exley Publications, Ltd., Mount Kisco, Nova York, 1992.

2. Essa história também foi contada por Gary Thomas em "Wise Christians Clip Obituaries", *Christianity Today*, 3 out. 1994, p. 24-27.

Capítulo 11 Um Tipo Diferente de Herói

1. Esse artigo de Associated Press apareceu no encarte que acompanhava a fita de áudio, "Stones in the Road" de Mary Chapin Carpenter, 1994, Sony Music Entertainment, Inc., Nova York. Mary Chapin Carpenter escreveu uma canção, "John Doe Nº 24", após ler a história no jornal.

Capítulo 13 Uma História de Cinderela

1. John Stott, *A Cruz de Cristo* (Miami: Vida, 1991), p. 78.

Capítulo 14 O Pregador das Más Notícias

1. Aquele dia é esboçado e desenvolvido em Max Lucado, *In the Eye of the Storm: A Day in the Life of Jesus* (Dallas: Word, 1991).

Capítulo 16 Pelo Avesso

1. Adaptado de John Phillips, *Exploring the Gospels: John* (Neptune, N.J.: Loizeaux Brother, 1989), p. 64-65.

2. Tradução de *The Message* (NavPress, 1993).

Capítulo 22 Deus se Preocupa com Ninharias

1. Beth Arnold, "The Need to Niggle", *American Way*, 1 jun. 1991, p. 44.

Capítulo 24 O Encanto da Santidade

1. A. Gordon Nasby, ed., *1041 Sermon Illustrations, Ideas and Expositions* (Grand Rapids: Baker, 1976), p. 186.

Capítulo 27 Pedro, Eu e o Coiote

1. James F. Colianni, *The Book of Pulpit Humor* (Ventnor, N.J.: Voicing, 1992), p. 128.

Capítulo 28 Pronto para Casa

1. Annie Dillard, *Teaching a Stone to Talk* (Nova York: HarperCollins, 1988), p. 43.

2. Ibid.

3. Gary Thomas, "Wise Christians Clip Obituaries", *Christianity Today*, 3 out. 1994, p. 24-27.

Capítulo 30 Se Você ao Menos Soubesse

1. Veja João 4.10.

GUIA DE DISCUSSÕES

Preparado por Steve Halliday

Como Usar Este Guia de Discussões

Cada um destes pequenos estudos foi planejado não apenas para ajudá-lo a digerir e aplicar as idéias desenvolvidas em *Ouvindo Deus na Tormenta,* mas também para remetê-lo à Bíblia, a fonte dessas idéias.

A primeira seção de cada estudo, "Ecos do Trovão", seleciona textos de cada capítulo, e apresenta perguntas para discussões em grupo. A segunda seção, "Lampejos de Luz", o ajuda a aprofundar-se um pouco mais no que as Escrituras ensinam sobre o assunto.

Sua Voz, Nossa Escolha

Ecos do Trovão

1. "Até onde você quer que Deus chegue só para captar sua atenção? Se Deus precisar escolher entre sua segurança eterna e seu conforto terreno, o que você espera que Ele escolha?"
   A. Responda essas duas perguntas de Max, acima.
   B. Até onde você viu Deus chegar para captar a atenção de outras pessoas?
2. "Apesar de todas as suas peculiaridades e singularidades, a Bíblia possui uma história simples. Deus fez o homem. O homem rejeitou a Deus. Deus não desistirá até reconquistá-lo."
   A. A que Max se refere quando fala que a Bíblia possui "peculiaridades e singularidades"?
   B. Aliste alguns exemplos bíblicos do que Max está descrevendo aqui.
3. "Deus é tão criativo quanto incansável. A mesma mão que enviou o maná para Israel levou Uzá à morte. A mesma mão que libertou os filhos de Israel levou-os cativos à Babilônia. Gentil e também firme. Terno e inflexível."
   A. Como Deus consegue ser ao mesmo tempo gentil e firme?
   B. Em que aspectos Deus tem sido "criativo" em sua vida? Como você tem visto sua ternura e inflexibilidade?
4. "Deus vai sussurrar. Ele vai gritar. Ele vai tocar e puxar. Ele vai tomar nossas cargas; vai, até, tomar nossas bênçãos. Se houver mil degraus entre Ele e nós, Ele vai tirar todos, exceto um. Vai deixar o último para nós. A escolha é nossa."
   A. Como você se sente ao saber que Deus chega a tais extremos para nos reconquistar? Explique.
   B. Que "escolha final" é essa de que fala Max? Que escolhas você fez? Explique.

Lampejos de Luz

1. Leia Salmos 81.6-16.
   A. Como essa passagem demonstra tanto a ternura quanto a inflexibilidade de Deus? Quais os acontecimentos que esse salmo descreve?

B. De acordo com esse salmo, qual o desejo principal de Deus para nós? Veja especialmente os versículos 10, 13-14, 16.

2. Leia Romanos 11.22.
   A. Quais os dois traços de personalidade que Paulo está contrastando nesse versículo?
   B. Qual o exemplo que Paulo usa para ilustrar o que diz nesse versículo?
3. Leia João 5.6; 9.35; 11.25-26.
   A. O que Jesus está dizendo em cada um desses textos? Por que Ele faz isso?
   B. Qual seria a escolha que Jesus lhe pediria que fizesse, caso Ele falasse face a face com você?

Capítulo 1 O Autor da Vida

Ecos do Trovão

1. "O Autor inicia a história de cada vida, mas cada vida escreverá seu final."
   A. Que quer dizer Max com a frase acima?
   B. Que tipo de final você está escrevendo para sua história?
2. "Amor só é amor quando há opção."
   A. Você concorda com essa afirmação? Por quê?
   B. O amor é apenas uma opção ou é mais que isso? Explique.
3. "Emanuel postar-se-ia nas encruzilhadas da vida e da morte, e escolheria."
   A. Qual a escolha que Emanuel teve de fazer? Como isso afetou você em termos pessoais?
   B. Como Emanuel fez a escolha? O que deu a Ele a força para fazer tal escolha?

Lampejos de Luz

1. Leia Deuteronômio 30.15-20.
   A. Qual a escolha colocada diante da nação de Israel? Em que aspectos essa escolha é semelhante à que temos diante de nós? Em que aspectos é diferente?

B. Qual a escolha que a nação finalmente fez? Quais as conseqüências? Isso poderia ser um exemplo para nós? Explique.

2. Leia 1 João 4.7-21.
   A. O que você aprende sobre o amor nessa passagem? O amor é uma escolha? Por que você pode afirmar isso?
   B. Qual o exemplo básico de amor descrito nessa passagem (v. 10)? Esse amor foi uma escolha? Explique.

3. Leia Mateus 4.1-11; Lucas 22.39-44.
   A. Qual a escolha que Emanuel teve de fazer na passagem de Mateus? Como Ele fez essa escolha?
   B. Qual a escolha que Emanuel teve de fazer na passagem de Lucas? Como Ele fez essa escolha?
   C. Como podemos seguir o exemplo de Emanuel nas escolhas que fazemos?

Capítulo 2 O Cão de Caça do Céu

Ecos do Trovão

1. "O restante do mundo está às voltas com a Alemanha e Hitler. Todas as manchetes refletem os atos de Roosevelt e Churchill. O mundo está absorto numa batalha pela liberdade... e o Pai está no Pacífico, enviando um pombo missionário para salvar uma alma."
   A. O que esse incidente nos ensina a respeito de Deus? Qual a amplitude de seu campo visual?
   B. Que tipos de "pombos missionários" Deus tem enviado para sua própria vida e para a vida de seus amados? Descreva-os.

2. "Se alguém está em Cristo é porque Cristo o chamou."
   A. Você concorda com essa afirmação? Por quê?
   B. Como Cristo chamou você?

3. "Não é a circunstância que importa; é Deus na circunstância. Não são as palavras; é o Deus que as fala."
   A. O que você acha que Max está querendo dizer com isso? O que ele está querendo provar?
   B. Dê um exemplo retirado de sua própria vida, demonstrando a diferença entre as circunstâncias e Deus nessas circunstâncias.

4. "O berço e a cruz eram tão comuns quanto a grama. O que os tornou santos foi a Pessoa neles colocada."
   A. De que maneira o berço e a cruz tornaram-se "santos"? Em que sentido eles tornaram-se santos?
   B. O que faz as coisas comuns tornarem-se santas hoje? O que tem se tornado santo em sua própria experiência?

Lampejos de Luz

1. Leia João 4.4.
   A. Em que a história da mulher samaritana é parecida com a dos tripulantes do caça na Segunda Guerra Mundial? Quais as semelhanças que você vê?
   B. Em sua opinião, por que Jesus "precisava" passar por Samaria?
2. Leia João 6.37-40, 44-45.
   A. De acordo com esses versículos, como as pessoas vêm a Cristo?
   B. Qual a promessa de Jesus nos versículos 39-40? Será que você pode exigir o cumprimento dela? Explique?
3. Leia Efésios 4.22-24.
   A. Qual a ordem que recebemos nessa passagem? Por quê?
   B. Como a "santidade" abre caminho para entrar na vida cotidiana? Cite alguns exemplos.

Capítulo 3 Vem e Vê

Ecos do Trovão

1. "Será que a vida do jovem carpinteiro nazareno realmente merece consideração?"
   A. Responda a pergunta de Max, acima, e depois justifique sua resposta.
   B. Em sua opinião, que aspecto da "vida do jovem carpinteiro nazareno" merece maior consideração? Por quê?
2. "Vem e vê a mão rasgada de Deus tocando o coração mais simples, enxugando a lágrima da face enrugada e perdoando o pior dos pecados."
   A. Será que a "mão rasgada de Deus" continua fazendo essas coisas hoje? Caso sim, como?

B. Procure em sua própria vida, exemplos de como Cristo faz essas três coisas alistadas na afirmação acima, feita por Max.

3. "Vem e vê. Ele não recusa ninguém que o busque. Ele não foge de nenhum exame. Ele não teme nenhuma inspeção. Vem e vê."

   A. Por que Jesus "não recusa ninguém, não foge de nenhum exame e não teme nenhuma inspeção"? O que permitia que Ele vivesse dessa forma?

   B. Você convida as pessoas a "vir e ver" a Jesus hoje? Explique.

Lampejos de Luz

1. Leia Hebreus 12.3.

   A. Nesse versículo, qual a pessoa que somos instados a "considerar"? Por que razão?

   B. De que maneira você o "considera"? Como isso o ajuda no seu dia-a-dia?

2. Leia Isaías 42.1-4.

   A. Aliste as atividades do Messias vindouro, conforme descritas nessa passagem.

   B. Compare as atividades de Jesus com essa lista.

3. Leia João 1.43-46.

   A. Que acontece nessa passagem? Descreva.

   B. Qual o "método evangelístico" que Filipe usa nessa passagem? Você pode usar esse método? Por quê?

Capítulo 4 Milagre à Meia-Noite

Ecos do Trovão

1. "Haviam feito exatamente o que Jesus ordenara, e veja o que aconteceu! Uma noite com o mar tempestuoso, e o Mestre em algum lugar, na praia."

   A. Como você acha que os discípulos estavam se sentindo naquele momento? Por quê?

   B. Você já se sentiu dessa forma? Caso positivo, descreva as circunstâncias.

2. "Uma coisa é sofrer por fazer coisas erradas. E outra, por fazer o que é certo. Mas acontece".
   A. Em que o sofrimento por fazer coisas erradas é diferente do sofrimento por fazer certo? Um e outro são sofrimento, você não concorda?
   B. Se você já sofreu por fazer o que é certo, descreva as circunstâncias.
3. "Sua preocupação maior era que chegassem preparados, não rapidamente."
   A. Nesse caso, o que seria os discípulos chegarem "preparados"?
   B. Em que sentido esse é um bom resumo da obra de Deus em nossas próprias vidas?
4. "Certos sentimentos só se aprendem pela dor. E há horas em que Deus, sabendo disso, permite que a soframos para benefício da própria música."
   A. Que tipo de "emoções" só se aprendem pela dor? Por que o sofrimento é o melhor professor?
   B. Descreva uma ocasião em sua vida em que Deus permitiu que você sofresse.
5. "Temos nossa cota de festas, mas também temos nossa cota de sanduíches de mortadela. E, para ter a primeira, precisamos suportar a segunda."
   A. Você concorda com essa afirmação? Por quê?
   B. Que tipos de "festas" você tem tido? Elas costumam vir após "sanduíches de mortadela"? Explique.

Lampejos de Luz

1. Leia João 6.16-21.
   A. Em que essa experiência é parecida com as que temos de vez em quando?
   B. Como os discípulos reagiram quando viram Jesus? Eles logo perceberam que era Jesus? Que fizeram quando perceberam?
2. Leia 1 Pedro 4.15-16.
   A. Que tipos de sofrimento são descritos nessa passagem?
   B. Que tipo de sofrimento não nos devia deixar envergonhados? Por quê?

3. Leia Atos 14.21-22.
   A. Que fizeram Paulo e Barnabé em Listra, Icônio e Antioquia? Como eles fizeram isso?
   B. O que disseram aos discípulos no versículo 22? Como isso pode servir de fato como um encorajamento?

Capítulo 5 O Perdão Secreto

Ecos do Trovão

1. "A lógica diz: 'Ela não merece isso'. Jesus diz: 'Isso mesmo, mas você também não'."
   A. Por que a lógica diz: "Ela não merece isso"? Você já pensou desse jeito? Explique.
   B. Jesus refuta essa lógica? Como Ele responde? Por que isso é importante?
2. "Não conseguimos remover nosso próprio pecado. Nossos pés precisam estar em suas mãos."
   A. Por que não conseguimos remover nosso próprio pecado?
   B. Em que sentido "nossos pés precisam estar em suas mãos" hoje?
3. " Jesus está assumindo o papel de servo. Ele lavará a parte mais suja da sua vida. Se você deixar."
   A. Você acha que Jesus assumirá ainda hoje o papel de servo? Explique.
   B. Como Jesus "lava a parte mais suja" de sua vida? O que é necessário para que isso aconteça?
4. "Nunca ficaremos limpos a não ser que confessemos que estamos sujos."
   A. Por que é necessário confessar que estamos "sujos"? Que envolve isso?
   B. Você já fez essa confissão? Explique.
5. "Deus nunca lhe chamará para fazer algo que já não tenha feito."
   A. Você concorda com essa afirmação? Por quê?
   B. Qual a coisa mais difícil que Deus lhe pediu que fizesse? Como você sabe que Ele pediu? Como você pode cumprir isso?

Lampejos de Luz

1. Leia João 13.3-5, 12-17.
   A. Segundo o versículo 3, por que motivo Jesus fez o que fez? Por que isso é significativo?
   B. Qual a lição que Jesus queria ensinar aos discípulos nos versículos 12-17? Que lição se apresenta para nós?
2. Leia 1 João 1.8-10.
   A. Segundo esse texto, como nos enganamos a nós mesmos?
   B. No versículo 14, qual o resultado disso?
   C. Em que sentido as pessoas chamam Deus mentiroso?
3. Leia 2 Tessalonicenses 2.13-17.
   A. De acordo com o versículo 13, como somos salvos?
   B. Qual o resultado disso no versículo 14?
   C. Qual a oração de Paulo nos versículos 16-17? Como isso se relaciona com os versículos 13-15?

Capítulo 6 O Pão da Vida

Ecos do Trovão

1. "O que o pão significa para a fome, Jesus reivindica ser para a alma."
   A. O que o pão significa para a fome?
   B. O que Jesus reivindica ser para a alma? Em que sentido Jesus quer que o vejamos como pão?
2. "Ele se adapta para atender todas as nossas necessidades."
   A. Como Jesus se adapta para atender todas as nossas necessidades?
   B. De que maneira Jesus tem se adaptado para atender suas necessidades?
3. "Jesus vivenciou cada parte do processo da feitura do pão: cresceu, foi batido, passou pelo fogo."
   A. Descreva como Jesus passou por estes processos: "cresceu, foi batido, passou pelo fogo".
   B. Por que era importante que Jesus passasse por tudo isso? Por que Ele não podia pular algumas etapas ou até todas elas?

4. "Não podemos obrigar as pessoas a comer o pão, mas podemos garantir que elas o tenham. Ainda assim, por alguma razão, relutamos em fazê-lo. É muito mais fácil ficar na padaria que entrar no caminhão."
   A. Como podemos garantir que as pessoas tenham esse "pão"? Você já garantiu isso? Por quê?
   B. Por que achamos mais fácil ficar na padaria? Como podemos nos motivar a entrar no caminhão?
5. "Não sei o que é mais inacreditável: o fato de Deus embrulhar o pão da vida com o papel de um carpinteiro do interior ou o fato de Deus entregar para nós as chaves do caminhão de entrega."
   A. Qual desses dois fatos é mais inacreditável para você? Por quê?
   B. O que você está fazendo com as chaves do caminhão de entregas? Explique.

Lampejos de Luz

1. Leia João 6.35-36.
   A. Que afirmação Jesus faz no versículo 35?
   B. Qual a reação possível à afirmação de Jesus (v. 36)?
2. Leia Isaías 55.1-3.
   A. Qual o convite aqui? Em que é semelhante ao que Jesus disse em João 6?
   B. Como você poderia responder à pergunta no versículo 2?
   C. O que é prometido nos versículos 2b-3?
3. Leia Lucas 24.25-26.
   A. A quem Jesus estava falando nesses versículos? Em sua opinião, por que Ele usou esse tom?
   B. O que Jesus explicou no versículo 26? Como isso ajuda a explicar o que aconteceu no Calvário?

Capítulo 7 Maior que a Eternidade

Ecos do Trovão

1. "Somos uma mosca no rabo de um elefante numa galáxia de Áfricas, e mesmo assim exigimos que nos encontres uma vaga no estacionamento quando pedimos."

A. O que Max está querendo dizer com a afirmação acima?
B. Você já se viu fazendo exigências desse tipo? Caso afirmativo, descreva as circunstâncias. O que você sente a esse respeito agora?

2. "Nossa maldade não consegue diminuir o teu amor. Nossa bondade não consegue aumentá-lo. Nossa fé não consegue conquistá-lo, assim como nossa estupidez não consegue prejudicá-lo."
   A. Por que nossa maldade não diminui o amor de Deus? Por que nossa bondade não o aumenta?
   B. Se nossa fé não "conquista" o amor de Deus, como podemos recebê-lo? Por que nossa estupidez não consegue prejudicar esse amor?

3. "Deus não tem sobrinhos, só filhos."
   A. Explique a afirmação acima. Que significa?
   B. Por que Deus não tem nenhum sobrinho, só filhos? Que tipo de pessoas pode sentir-se tentado a achar que é sobrinho de Deus?

4. "Nada pode separar-nos do amor de Cristo... mas como tenho dificuldade em abraçar essa verdade."
   A. Por que às vezes nos é difícil aceitar o fato de que nada pode separar-nos do amor de Cristo?
   B. Como você, pessoalmente, reage a essa verdade? O que você faz para não se esquecer dela? Isso afeta sua vida? Explique.

Lampejos de Luz

1. Leia João 13.1.
   A. Que horas eram de acordo com o versículo? Como Jesus sabia disso?
   B. O que Jesus estava para demonstrar aos discípulos? Como Ele o demonstraria?

2. Leia Salmo 136.
   A. Qual o refrão repetido várias vezes nesse salmo?
   B. Por que isso é tão importante? Qual a lição que está sendo ensinada?

3. Leia Romanos 8.38-39.
   A. Qual a promessa que está sendo dada?
   B. De acordo com essa passagem, como Deus nos ama? Por que isso é crucial?

Capítulo 8 Lições do Jardim

1. "Não fosse tão solene o momento, seria cômico. São os melhores soldados com o melhor plano de Satanás; mas uma palavra de Jesus, e eles caem!"
   A. Em que sentido o momento era solene? Em que sentido poderia ser cômico?
   B. Em sua opinião o que estaria se passando na mente de Satanás naquele momento? O que Judas estaria pensando?
2. "Não perca esse simbolismo: quando Jesus fala, Satanás cai."
   A. Em que sentido essa afirmação é um princípio espiritual?
   B. Você já viu esse princípio funcionando em sua vida, família ou igreja? Explique.
3. "Quando Jesus diz que o manterá a salvo, fala sério. Ele é capaz de protegê-lo.
   A. Como você se sente ao ler essa afirmação? Por quê?
   B. Em que sentido Jesus o tem mantido a salvo?
4. "Vou mostrar-lhe o caminho; você preenche os espaços em branco.

   Pai precioso, louvo teu nome. Tu tens reconquistado tantas partes da minha vida. Eu estava perdido, tu me encontraste. Eu estava confuso, tu me guiaste. Eu não tinha nada a oferecer, mas ainda me amaste.

   Confesso que ainda preciso de ajuda. Existe uma parte da minha vida que precisa de um toque teu. Satanás está batalhando por um jardim no meu coração. Não o deixes vencer. Coloca-o para fora. Ele é mentiroso e é mentiroso desde o princípio. Por favor, derrota-o. Eu te glorificarei.

   Pai, esta é a área em que preciso de teu poder ____________ ____________________."

Lampejos de Luz

1. Leia João 18.1-9.
   A. Quem parece estar no comando desse acontecimento? Por que você pensa assim?
   B. Em que aspectos os acontecimentos no jardim foram um cumprimento de profecia (veja especialmente o v. 9)?
2. Leia Efésios 6.10-13.
   A. Qual a instrução que nos é dada nos versículos 10 e 11? Qual a razão dessa ordem?
   B. Em que tipo de luta estamos envolvidos (v. 12)? Em que aspectos isso muda nossas estratégias?
3. Leia 2 Timóteo 4.16-18.
   A. O que havia acontecido com Paulo?
   B. Quem, apenas, havia permanecido com Paulo? Por que ele permaneceu?
   C. Qual a promessa no versículo 18?

Capítulo 9 Que Fazer com os Aniversários

Ecos do Trovão

1. "Quando você é jovem, faz um monte de caretas na frente do espelho. Quando fica velho, o espelho se vinga."
   A. Seu espelho está se vingando de você?
   B. Como você acha que as pessoas se sentem em relação ao envelhecimento? Quando elas finalmente começam a perceber que um dia vão ter de enfrentar a morte?
2. "Será que a morte é quando dormimos? Ou a morte é quando finalmente acordamos?"
   A. Como você responderia a pergunta de Max, acima?
   B. Em sua opinião, como a maioria de seus amigos encaram a morte?
3. " Para Deus, a morte não é uma tragédia. Na economia de Deus, o fim do corpo é o início da vida."
   A. Por que Deus não vê a morte como nós a vemos?
   B. Em que sentido o fim do corpo é o começo da vida? Que base bíblica você pode citar para sustentar esse ponto de vista?

4. "Ao chamar-nos para casa, Deus está fazendo o que qualquer pai faria. Ele está providenciando um lugar de descanso melhor."
   A. Por que o céu seria um lugar melhor para descansar do que o lugar em que estamos agora?
   B. Onde você espera descansar depois que terminar seu tempo na terra? Explique.
5. "Sempre achei curioso que Jesus tivesse ressuscitado tão poucas pessoas. Não é porque, uma vez lá, a última coisa que possam desejar é voltar para cá?"
   A. O que você pensa da pergunta de Max? Que resposta você daria?
   B. Suponha que você vá morrer hoje. Você gostaria de ser chamado de volta para viver na terra depois de quatro dias? Explique.

Lampejos de Luz

1. Leia João 14.1-3.
   A. Qual a ordem de Jesus no versículo 1? Quais os motivos que Ele alega para justificar sua obediência?
   B. Qual a promessa de Jesus nos versículos 2-3?
2. Leia Lucas 12.37-38.
   A. A que Jesus compara seu retorno nessa passagem?
   B. O que Ele nos promete?
3. Leia Isaías 57.1-2 e Salmos 116.15.
   A. De acordo com Isaías, por que Deus às vezes leva as pessoas para casa "cedo"? Que vantagem elas teriam?
   B. De acordo com o salmista, como Deus vê a morte de seus filhos? Como ele consegue pensar dessa maneira?

Capítulo 10 Música para Marchar

Ecos do Trovão

1. "Nós, cristãos, temos a tendência de seguir o livro, esquecendo a música."
   A. O que Max quer dizer com essa afirmação?
   B. Você está propenso a cometer esse erro? Por quê?

2. "Das três Pessoas da Trindade, o Espírito Santo é a que menos compreendemos."
   A. Você concorda com essa afirmação? Por quê?
   B. Você tem uma boa compreensão do Espírito Santo? Onde você obtém suas informações?
3. "Emoção sem conhecimento é tão perigoso quanto conhecimento sem emoção. Deus procura um equilíbrio."
   A. Por que emoção sem conhecimento é perigoso? Por que conhecimento sem emoção é perigoso?
   B. Como você pode equilibrar, na prática, a emoção e o conhecimento?

Lampejos de Luz

1. Leia João 16.7-15; 14.17; 4.24.
   A. O que você aprende sobre o Espírito em João 26.7-15?
   B. O que você aprende sobre o Espírito em João 14.17?
   C. O que você aprende sobre a obra do Espírito em João 4.24?
2. Leia Romanos 8.10-12.
   A. Qual a obra do Espírito descrita no versículo 11?
   B. Sendo isso verdade, qual é a nossa dívida (v. 12)?
3. Leia Atos 5.3-4; Efésios 4.30; Hebreus 10.29.
   A. Como a passagem de Atos demonstra que o Espírito Santo é uma pessoa?
   B. Como a passagem de Efésios demonstra que o Espírito Santo é uma pessoa?
   C. Como Hebreus 10.29 demonstra que o Espírito Santo é uma pessoa?

Capítulo 11 Um Tipo Diferente de Herói

Ecos do Trovão

1. "Não estamos contentes por Cristo não se chamar Caubói de Deus?"
   A. Qual a diferença principal entre um pastor e um caubói?
   B. Você fica contente por Cristo não se chamar Caubói de Deus? Explique.

2. "Não precisamos de um caubói que nos arrebanhe; precisamos de um pastor que cuide de nós e nos guie."
   A. Você conhece alguém que veja Deus como caubói e não pastor? Descreva a pessoa.
   B. Você já se sentiu "arrebanhado" em vez de "pastoreado" por alguém que tinha autoridade sobre você? Nesse caso, qual a diferença? Como você se sentiu?
3. "Ele guia, alimenta e unge. E a Palavra afirma que Ele não descansará até que alcancemos nossa pátria."
   A. Como Jesus nos guia hoje? Como Ele nos alimenta hoje? Como Ele nos unge?
   B. Como você sabe que "Ele não descansará até que alcancemos nossa pátria"? O que é essa pátria?

Lampejos de Luz

1. Leia João 10.1-16.
   A. Que lições Jesus está querendo passar a seus discípulos nos versículos 1-5? Eles compreenderam?
   B. Como Jesus explicou a lição nos versículos 7-16?
2. Leia Salmos 23.1-4; 79.13; 80.1; 95.7; 100.3.
   A. Como Jesus combinou todas essas passagens em seu discurso de João 10?
   B. Quais as implicações que Jesus está considerando?
3. Leia 1 Pedro 2.25; Hebreus 13.20.
   A. Como Pedro retrata o Senhor?
   B. Como o autor de Hebreus retrata o Senhor?

Capítulo 12 Seguro em Suas Mãos

Ecos do Trovão

1. "Nem posso lhe dizer quantas vezes eu esperava chegar ao topo, e me vi dependurado no ar, seguro por um par de mãos rasgadas pelos cravos."
   A. Se você já passou por algo parecido com o que Max menciona acima, descreva-o.
   B. Qual a confiança que temos por saber que temos um Deus como esse?

2. "Mesmo não conseguindo ver o seu guia, você o conhece. Sabe que ele é forte. Sabe que ele consegue evitar que você caia."
   A. Como você pode conhecer seu guia se não consegue enxergá-lo?
   B. Como você sabe que Deus é capaz de evitar que você caia?
3. "Você sabe que está a poucos passos do topo. Portanto, faça o que fizer, não desista. Embora suas quedas sejam grandes, a força dEle é maior. Você conseguirá."
   A. Se você conhece alguém que se sentiu tentado a desistir a poucos passos do topo, descreva o que aconteceu.
   B. O que faria você pensar em desistir a poucos passos do topo? Como você venceria essa tentação?

Lampejos de Luz

1. Leia João 10.28-30.
   A. O que Jesus alega fazer no versículo 28? Ninguém mais pode fazer o que Ele diz?
   B. Em que sentido o que Jesus diz nos versículos 29 e 30 sustentam o que Ele disse no versículo 28?
2. Leia Judas 24-25.
   A. O que se promete no versículo 24?
   B. Qual deveria ser nossa reação (v. 25)?
3. Leia Filipenses 1.6.
   A. Quem iniciou a "boa obra" em você?
   B. Que mais Ele vai fazer? Quando essa obra vai se completar?

Capítulo 13 Uma História de Cinderela

Ecos do Trovão

1. "Deus entre dois ladrões. O lugar exato em que Ele deseja estar."
   A. Por que Deus iria querer estar entre dois ladrões?
   B. Em que sentido Deus ainda quer estar entre dois ladrões?
2. "Pecado não é um escorregão infeliz ou um ato deplorável; é uma postura de rebeldia contra o Deus santo."
   A. Como as pessoas com que você trabalha definiriam pecado? Como seus vizinhos o definiriam?

B. Em que sentido todo pecado é um ato de rebeldia contra um Deus santo?

3. "O único sem pecado enche-se de pecado. O que estava cheio de pecado torna-se imaculado. É a mais bizarra das transações da eternidade."
   A. Por que Max diz que é "a mais bizarra das transações da eternidade"? Quando aconteceu essa transação?
   B. Temos condições de compreender plenamente essa transação? Explique. Que mistério ainda permanece?
4. "Jesus deu mais que um beijo — Ele deu sua beleza. Ele pagou mais que uma visita — Ele pagou por nossos erros. Ele tomou mais que um minuto — Ele tomou nossos pecados."
   A. Em que aspectos o ato de Jesus é semelhante ao da mulher que representava Cinderela? Em que aspectos é diferente?
   B. Como Jesus pagou por nossos erros? Como Ele tomou nossos pecados? Por que somente Ele podia fazer isso?

Lampejos de Luz

1. Leia Lucas 23.39-43.
   A. Em que a resposta dos dois criminosos foram diferentes entre si?
   B. Qual o pedido de um deles? Como foi a resposta?
2. Leia Salmos 51.1-4.
   A. Qual o pedido de Davi nos versículos 1-2?
   B. Que confissão fez Davi nos versículos 3-4? Por que o versículo 4 é especialmente importante?
3. Leia 2 Coríntios 5.19, 21.
   A. O que é a "palavra da reconciliação"? Quem é o portador dela?
   B. Qual a troca detalhada no versículo 21? Em que sentido isso é um resumo do Evangelho?
4. Leia Isaías 53.4-6?
   A. Quem está sendo descrito nos versículos 4-5? O que Ele fez?
   B. Como somos descritos no versículos 6? Como isso se relaciona com os versículos 4-5?

Capítulo 14 O Pregador das Más Notícias

Ecos do Trovão

1. "A fidelidade de Deus jamais dependeu da fidelidade de seus filhos. Ele é fiel, mesmo quando não o somos."
   A. Por que a fidelidade de Deus não depende da nossa?
   B. Descreva uma época da sua vida em que essa verdade ficou em destaque.
2. "E embora a resposta à oração esteja ao lado dele, ele nem chega a orar."
   A. Em sua opinião, por que os discípulos não pediram que Jesus fizesse alguma coisa para tirá-los daquela situação?
   B. Em que aspectos somos muitas vezes parecidos com os discípulos?
3. "Simplesmente acho que Deus é maior que nossas fraquezas. Aliás, acho que são as nossas fraquezas que revelam a grandeza de Deus."
   A. Como sua fraqueza revela a grandeza de Deus?
   B. Como Deus tem mostrado a grandeza dEle por meio de suas fraquezas?
4. " Se Jesus tivesse agido de acordo com a fé dos discípulos, as multidões teriam ficado sem comida. Mas Ele não fez isso, e não faz isso. Deus é fiel a nós mesmo quando o esquecemos."
   A. Em sua opinião, por que Deus às vezes escolhe agir de acordo com nossa fé e outras não?
   B. Descreva algumas ocasiões em sua vida em que Deus foi fiel a você, mesmo que, talvez, você o tivesse esquecido.

Lampejos de Luz

1. Leia João 6.5-13.
   A. Qual a pergunta de Jesus no versículo 5? De acordo com o versículo 6, por que Ele fez essa pergunta?
   B. Qual a lição principal dos versículos 7-13?
2. Leia 2 Coríntios 12.9-10.
   A. O que Deus afirma no versículo 9?
   B. Como Paulo respondeu a essa afirmação no versículo 10?

3. Leia 2 Timóteo 2.13.
   A. De acordo com esse versículo, o que acontece quando somos infiéis?
   B. Por que isso acontece? O que significa isso?

Capítulo 15 A Testemunha Final

Ecos do Trovão

1. "Os mortos só ouvem a voz de Deus, disse Lázaro. Eu ouvi a voz de Deus."
   A. Se a pessoa está morta, como consegue ouvir alguma coisa?
   B. Como Lázaro sabia que estava ouvindo a voz de Deus?
   C. Em que sentido os "mortos" ainda ouvem a voz de Deus hoje?
2. "Jesus disse: Vou lhe dar alegria, força, cura, visão, segurança, alimento, nova vida."
   A. Será que Jesus ainda hoje nos dá alegria, força, cura, visão, segurança, alimento, nova vida? Como?
   B. Quais dos presentes alistados acima são mais importantes para você? Explique sua escolha.
3. "O Mestre ofereceu-se a fazer por você o que fez pelos outros. Ele trará vinho para sua mesa, visão para seus olhos, firmeza para seus passos e, acima de tudo, poder sobre sua sepultura. Ele fará por você o que fez por eles.

   O Juiz deu sua bênção. O descanso está à sua espera. Agora, a escolha é sua."
   A. Aliste alguns versículos das Escrituras em que Deus lhe oferece as coisas acima alistadas.
   B. Qual a escolha que você precisa fazer? Que escolha você já fez? Por que você fez essa escolha?

Lampejos de Luz

1. Leia João 20.29-31.
   A. De acordo com o versículo 29, quem é especialmente abençoado? Por quê?
   B. Com que propósito os milagres de Jesus foram registrados? Esse propósito foi atingido em sua vida? Por quê?

2. Leia Lucas 3.21-22.
   A. Segundo a narração do texto, o que aconteceu?
   B. Por que isso é crucial para tudo o que acontece depois?
3. Leia Efésios 2.1-5.
   A. De acordo com os versículos 1-3, como seria possível nos descrever antes de sermos cristãos?
   B. Segundo descrevem os versículos 4-5, como foi mudada nossa situação? O que propiciou essa mudança?

Capítulo 16 Pelo Avesso

Ecos do Trovão

1. "Um gato que anda como homem continua sendo um gato. O mesmo acontece com as pessoas."
   A. O que Max quer dizer com a afirmação acima?
   B. Isso quer dizer que nem Deus consegue mudar a essência de nossa natureza? Explique.
2. "De acordo com a Bíblia, há uma coisa que não podemos trocar — nossa natureza pecaminosa."
   A. Por que não conseguimos trocar, por nós mesmos, a nossa natureza pecaminosa?
   B. Isso quer dizer que vamos lidar com esse estado pecaminoso a vida inteira? Explique.
3. "É pelo sofrimento de Deus que nascemos. Não por nosso esforço, mas pelo esforço de Deus. Não é nosso o sangue derramado, é o dEle."
   A. Como Deus "sofre" em nosso nascimento espiritual?
   B. Em que sentido nossa salvação é uma luta de Deus? De quem foi o sangue derramado para obter nossa salvação? Como isso "funciona"?
4. "Deus é apaixonado, mas igualmente respeitador. Ele nunca força a entrada. A escolha é deles."
   A. Você concorda com essa afirmação? Por quê?
   B. Deus nunca se intromete em nossa vida sem ser chamado? Que dizer da vida de Saulo (que se tornou o apóstolo Paulo) descrita em Atos 9.1-17?

5. "Da primeira vez, você não teve escolha; mas agora tem."
   A. Que escolha você fez no que se refere ao segundo nascimento?
   B. O que o dispôs a fazer essa escolha?

Lampejos de Luz

1. Leia João 3.3-8; 14-18.
   A. Qual o único jeito de entrar no Reino de Deus, de acordo com essa passagem? O que significa isso?
   B. Qual a ilustração que Jesus dá nos versículos 14-18? Como essa ilustração ajuda a explicar o que Ele estava para fazer?
2. Leia 2 Coríntios 6.1-2.
   A. O que significa receber a graça de Deus em vão? Como isso é possível?
   B. De acordo com o versículo 2, qual o melhor tempo para ser salvo?
3. Leia Gálatas 3.13-14.
   A. Como Cristo nos resgatou da maldição? O que significa ser resgatado da maldição?
   B. De acordo com o versículo 14, por que Ele nos resgatou?

Capítulo 17 O Sujeito do Ótimo-Bah

Ecos do Trovão

1. "Agora podia vestir qualquer cor a qualquer hora, agradando qualquer pessoa."
   A. Se lhe pedirem que descreva Bob com uma só palavra, qual palavra você escolhe? Por quê?
   B. Por que às vezes somos tentados a agir como Bob?
2. "Todos gostavam de Bob porque achavam que era exatamente como eles."
   A. Por que gostamos de pessoas que são exatamente como nós?
   B. Qual a grande armadilha que se esconde nesse tipo de atitude?
3. "Não estou atrás da aprovação delas, disse o homem."
   A. Quem esse homem representa? Por que você pensa assim?
   B. Você procura a aprovação de quem? Por quê?

4. "'Estou aqui para mostrar às pessoas que elas não precisam agradar as pessoas', disse o homem. 'Estou aqui para dizer a verdade.'"
   A. Você já sentiu como se tivesse obrigação de agradar as pessoas? Caso positivo, por que você se sentiu dessa maneira?
   B. Qual a melhor forma de lembrar para nós mesmos que não temos obrigação de agradar as pessoas?

Lampejos de Luz

1. Leia João 8.39-47.
   A. Qual a verdade que Jesus disse aos fariseus? Como eles responderam?
   B. De acordo com o versículo 47. Por que os fariseus não conseguiam crer em Jesus?
2. Leia Gálatas 4.16-18.
   A. Que pergunta Paulo faz no versículo 16? Como isso é possível?
   B. De acordo com os versículos 17-18, por que Paulo lhes disse a verdade?
3. Leia Gálatas 1.10.
   A. Qual a pergunta de Paulo?
   B. Que resposta ele dá à sua própria pergunta? Quais as implicações para nós?

Capítulo 18 Calamidades em Escala Normal

Ecos do Trovão

1. "Ela simplesmente detectou o problema, e o levou a Cristo."
   A. Por que é importante detectar o problema? Como você detecta os problemas em sua vida?
   B. Que significa "levar um problema para Cristo"? Como você faz isso na prática?
2. "O que nos faz pensar que a oração é a última opção e não a primeira?"
   A. Como você responderia a pergunta de Max?
   B. Normalmente, quanto tempo demora até você pensar em orar, quando surge um problema? Você está contente com isso? Por quê?

3. "A maturidade e a mobilidade delas é boa e necessária, mas espero que nunca cheguem ao ponto de se considerarem grandes demais para chamar o papai."
   A. Em que sentido essa afirmação pode ser um reflexo do que Deus pensa a nosso respeito?
   B. Você já conheceu alguém que se achava muito crescido para Deus? Caso sim, explique.
4. "Observe: a água tornou-se vinho depois que obedeceram, não antes."
   A. Por que é significativo que a água tornou-se vinho depois que os homens obedeceram?
   B. Como isso se aplica aos dias de hoje?

Lampejos de Luz

1. Leia João 2.1-11.
   A. Qual a instrução dada por Maria no versículo 5? Por que você acha que ela fez isso?
   B. De acordo com o v. 11, qual era o propósito dessa demonstração? Qual foi o resultado?
2. Leia Salmos 50.15-21.
   A. O que somos instruídos a fazer no versículo 15? O que Deus promete fazer? Como devemos reagir?
   B. A quem se dirige essa promessa? Como os versículos deixam isso claro?
3. Leia 1 Samuel 15.22-23a.
   A. Qual a pergunta no versículo 22a? Qual a resposta dada em 22b?
   B. No versículo 23, a que se compara a desobediência? Por que isso é significativo?

Capítulo 19 Seu Lugar na Banda de Deus

Ecos do Trovão

1. "As Martas são os coelhinhos das pilhas *Energizer*. Elas vão indo, indo, indo."
   A. Você é mais parecido com Marta, Maria ou Lázaro? Explique.

   B. Descreva algumas Martas de sua igreja.

2. "As Marias têm o dom da adoração. Elas não se limitam a cantar, elas cultuam. Não se limitam a ir à igreja; vão para louvar. Não se limitam a falar de Cristo; irradiam Cristo."
   A. Qual a diferença entre cantar e cultuar? Entre ir à igreja e louvar? Entre falar de Cristo e irradiar Cristo?
   B. Descreva algumas Marias de sua igreja.

3. "As Marias precisam lembrar que servir é adorar. As Martas precisam lembrar que adorar é servir. E Lázaro? Ele precisa lembrar que nem todos conseguem tocar trompete."
   A. Como o serviço pode ser adoração? Como a adoração pode ser serviço?
   B. Você consegue "tocar trompete"? Por quê? Se você não consegue, quem do seu conhecimento consegue? Explique.

4. "Você está perto de Cristo, mas longe do coração dEle? Você está no jantar, mas com o coração amargurado? Você está sempre criticando os dons dos outros mas raramente usa os seus (se é que os usa)? Você está tirando proveito da igreja, sem contribuir com ela? Será que os outros dão de forma sacrificial, enquanto você dá de forma avarenta? Você é Judas?"
   A. Como você responderia cada uma das seis perguntas alistadas acima?
   B. Você se sente bem adaptado na banda de Deus? Por quê?

Lampejos de Luz

1. Leia João 12.1-6.
   A. O que Maria fez nessa passagem? Por que ela fez isso?
   B. Como Judas reagiu? Por que ele reagiu dessa maneira?
   C. Qual a lição para nós?

2. Leia Lucas 10.38-42.
   A. Qual era a reclamação de Marta? O que provocou essa reclamação?
   B. Como Jesus respondeu? Que princípio Ele estabeleceu?

3. Leia Romanos 12.4-8.
   A. O que essa passagem nos ensina acerca da unidade? O que ela nos ensina acerca da diversidade?

B. O que ela nos ensina sobre a relação entre unidade e diversidade?

Capítulo 20 Amor Extravagante

Ecos do Trovão

1. "Jesus reduz o número das batalhas da vida a dois. Ou lutamos pela comida que se estraga ou pela que dura."
   A. Como você luta pela comida que se estraga? Que tipo de comida é?
   B. Como você luta pela comida que dura? Que tipo de comida é?
2. "Sei que ele disse que daria, mas, honestamente, como pagamos esse pão? Como obtemos essa refeição? Quanto tempo precisamos ficar na fila do refeitório para conseguir o alimento eterno?"
   A. Você já pensou desse jeito como está escrito acima? Nesse caso, explique.
   B. Por que somos tão tentados a pagar pela graça? Por que isso é impossível?
3. "Você já pensou como é insultante a Deus quando tentamos pagar pela sua bondade?"
   A. Responda a pergunta de Max, acima.
   B. Por que isso é um insulto?
4. "Longe de Cristo, você não é santo. Portanto, você conseguirá entrar no céu? Creia, apenas."
   A. Por que não somos santos à parte de Cristo?
   B. Como Cristo nos faz santos? Ele já o fez santo? Explique.

Lampejos de Luz

1. Leia João 6.26-29.
   A. Qual a ordem que Jesus dá no versículo 27?
   B. Como seus ouvintes reagem no versículo 28?
   C. Qual a resposta de Jesus no versículo 29? O que existe de incomum em sua resposta?
2. Leia Hebreus 12.14-17.
   A. Qual a ordem que recebemos no versículo 14? Qual o aviso dado?

B. Que aplicação prática dessa ordem é descrita nos versículos 15-17? Qual a relação entre esses versículos e o versículo 14?

3. Leia Atos 17.24-31.
   A. No versículo 25, o que Paulo fala sobre Deus a seus ouvintes? Por que isso é significativo?
   B. Qual o desejo de Deus segundo se expressa no versículo 27?
   C. O que Deus exige no versículo 30?
   D. Qual o alerta que Ele faz no versículo 31?

Capítulo 21 O Sonho Mais Querido de Deus

Ecos do Trovão

1. "Suspeitas e desconfianças costumam se esconder junto à mesa de Deus. Em torno da mesa os parentes discutem, e o Pai suspira."
   A. Por que suspeitas e desconfianças costumam se esconder junto à mesa de Deus?
   B. De que maneira você tem visto a "discussão de parentes"? Por que o Pai suspira?
2. "A Bíblia não diz para criarmos a unidade. Ela simplesmente exorta-nos a manter a unidade que já existe."
   A. Por que a Bíblia não diz para criarmos a unidade?
   B. Como devemos manter a unidade entre nós?
3. "E então os cristãos não seriam conhecidos por aquilo que nos divide; mas pelo que nos une — o Pai que temos em comum."
   A. Você acha que nós, os cristãos, somos conhecidos por aquilo que nos divide? Explique sua resposta.
   B. Como poderíamos ser conhecidos por aquilo que nos une? O que teríamos de fazer? O que teríamos de mudar?

Lampejos de Luz

1. Leia João 17.20-23.
   A. Qual o pedido principal de Jesus nessa passagem?
   B. De acordo com o versículo 23, por que Ele faz esse pedido?
2. Leia Efésios 4.2-13.
   A. Que ordens são dadas nos versículos 2-3?
   B. Que base para essas ordens é dada nos versículos 4-11?

C. Qual o objetivo dessas ordens de acordo com os versículos 12-13?

3. Leia 1 João 3.11-18.
   A. Qual a ordem dada no versículo 11?
   B. Que exemplo negativo é dado no versículo 12? Por que isso é significativo?
   C. Como João faz da unidade um assunto prático nos versículos 13-18?

Capítulo 22 Deus se Preocupa com Ninharias

Ecos do Trovão

1. "Deus gosta de encontrar qualquer coisa que impeça nosso crescimento. Jesus o retrata como o Bom Lavrador que corta e poda a videira."
   A. Quais os fatores que mais costumam impedir seu crescimento?
   B. Como Deus corta e poda as videiras em sua vida?
2. "Você já viu lavradores rearrumando uma planta, e é provável que já tenha visto Deus realinhando uma vida."
   A. Como os lavradores realinham uma planta? O que eles fazem?
   B. Em que a obra de Deus é semelhante a isso? Quais os paralelos que você vê?
3. "Não se pode forçar o fruto. É por esse motivo que, em nenhuma parte, Jesus nos diz para ir e dar frutos."
   A. Você conhece pessoas que acham que devem se esforçar para que os frutos surjam em suas vidas? Em sua opinião, por que elas pensam dessa forma? O que você poderia dizer a elas?
   B. Se Jesus não nos diz para darmos fruto, o que Ele nos manda fazer? Como fazemos isso?
4. "Nossa tarefa? É clara. Fique grudado na videira. Enquanto ficarmos grudados, seremos frutíferos."
   A. O que você faz para ficar grudado na videira? O que o afasta da videira?
   B. Quando você está próximo da videira, que tipo de fruto produz? O que acontece quando você está distante da videira?

5. "Agora mesmo, alguns de vocês estão ouvindo o claque-claque de suas podas. Dói. Mas não desanime. Você ficará melhor."
   A. De que tipo de poda você mais precisa no momento? Por que você diz isso?
   B. O fato de compreender que o que Deus está fazendo na sua vida vai ajudá-lo a dar mais frutos o ajuda a suportar melhor a dor da poda? Explique.

Lampejos de Luz

1. Leia João 15.1-8.
   A. Em que sentido Deus é como um lavrador?
   B. Em que sentido Jesus é como uma videira?
   C. Em que sentido somos como galhos?
2. Leia Gálatas 5.22-23.
   A. Qual o tipo de fruto pelo qual Deus mais se interessa?
   B. Será que esse é o fruto que caracteriza você? Por quê?
3. Leia Hebreus 12.11
   A. Segundo esse versículo, quais os problemas da disciplina?
   B. Quais os incentivos que o versículo nos dá para continuarmos?

Capítulo 23 A Parábola do Aviso Sanduíche

Ecos do Trovão

1. "Vocês precisam ficar do lado da estrada, e avisar os motoristas para que não dobrem à esquerda."
   A. Quem representam esses homens nessa parábola?
   B. O que se pede que façam? Por quê?
2. "Centenas de vidas foram salvas por aqueles homens e seus cartazes. Por eles terem feito o seu trabalho, muitas pessoas foram afastadas do perigo."
   A. Com qual dos três sinaleiros você se identifica mais prontamente? Por quê?
   B. Em nosso mundo, como mantemos as pessoas longe do perigo?
3. "O primeiro homem ficou com sono. O segundo, não ficou cansado, mas ficou convencido. O terceiro homem estava preocupa-

do com a mensagem do cartaz. O que o angustiava era que sua mensagem fosse tão estreita, tão dogmática."

A. Qual dos três problemas teria mais chance de atrapalhá-lo? Por quê?

B. Como você poderia ajudar alguém a vencer cada um dos três problemas aqui alistados?

4. "Como o primeiro homem caiu no sono, o segundo se levantou e o terceiro alterou a mensagem, os carros foram caindo no rio, um após o outro."

A. Qual o resultado da falha desses três homens no trabalho?

B. Quais as lições que essa parábola nos ensina? Você tem uma necessidade especial de ouvir essa lição? Explique.

Lampejos de Luz

1. Leia João 1.23.

A. De acordo com esse versículo, qual era o único propósito de João Batista?

B. Como ele cumpriu esse versículo?

2. Leia Ezequiel 33.7-9.

A. O que significa ser um "atalaia"?

B. Que instrução é passada nos versículos 8 e 9? Que alerta? Isso se aplica de alguma forma a nós? Por quê?

3. Leia 2 Coríntios 5.19b-20.

A. A quem é confiada a "palavra da reconciliação"?

B. Como Paulo via sua responsabilidade para com os não salvos? Como isso se aplica a nós, hoje?

Capítulo 24 O Encanto da Santidade

Ecos do Trovão

1. "O que importava era que você saísse de seu sono e acertasse o passo com Deus, porque Ele está vindo e isso não significa talvez."

A. Como você "sai do sono e acerta o passo com Deus"?

B. Qual o grande incentivo para que se faça isso?

2. "Você não precisa ser como o mundo para causar um impacto no mundo."

A. Você concorda com essa afirmação? Por quê?
B. Que tipo de impacto costumam exercer sobre o mundo os cristãos que têm a mesma aparência de todo o mundo? Por quê?

3. "Santidade é procurar ser igual a Deus."
   A. O que a palavra "santidade" significa para você?
   B. Por que santidade é procurar ser igual a Deus? Que tipos de atitude isso produz em nós?
4. "Quando os gestos e as palavras de uma pessoa são iguais, a fusão é explosiva. Mas quando a pessoa diz uma coisa e vive outra, o resultado é destrutivo."
   A. Por que há uma fusão explosiva quando os gestos e as palavras de uma pessoa são iguais?
   B. Por que o resultado é destrutivo quando a pessoa diz uma coisa e vive outra?
5. "Uma coisa é você dizer que é filho de Deus. Ser chamado filho de Deus por aqueles que observam sua vida é totalmente diferente."
   A. Você se considera filho de Deus? Será que outros, vendo sua vida, concordariam com você? Explique.
   B. Qual a descrição mais provável que os não-crentes fariam de você?

Lampejos de Luz

1. Leia Lucas 1.76-80.
   A. Que papel foi profetizado para João?
   B. Qual o propósito que ele devia cumprir?
2. Leia Marcos l.4-8.
   A. O que João fazia no versículo 4? Qual era sua aparência (v. 6)?
   B. Como as multidões reagiam no versículo 5?
   C. Qual sua mensagem específica (v. 7-8)?
3. Leia 1 Tessalonicenses 4.11-12 e 1 Pedro 2.11-12.
   A. Quais os conselhos que Paulo dá aos tessalonicenses? Por que ele dá esses conselhos?

B. Qual o conselho que Pedro dá no versículo 11? Qual o motivo que ele dá no versículo 12?

Capítulo 25 Olhe Antes de Rotular

Ecos do Trovão

1. "É mais fácil falar de uma pessoa que ajudá-la."
   A. Por que somos tão tentados a falar dos outros de forma negativa?
   B. Como podemos nos encorajar a refrear esse hábito pecaminoso?
2. "Isso quer dizer que as discussões religiosas são erradas? Claro que não. Isso quer dizer que não devemos nos preocupar com a doutrina ou relaxar em nosso desejo de santidade? Absolutamente, não."
   A. Que tipo de discussão religiosa agrada a Deus? E o que desagrada?
   B. Que tipo de preocupação doutrinária e desejo de santidade agradam a Deus? E o que desagrada?
3. "O homem não era uma vítima da fatalidade; era um milagre na fila de espera."
   A. Em que sentido aquele homem era "um milagre na fila de espera"?
   B. Será que podemos saber com antecedência quem é um milagre na fila de espera? O que esse fato sugere a você?
4. "Qual a obra de Deus? Aceitar as pessoas. Amar antes de julgar. Cuidar antes de condenar."
   A. Como podemos aprender a aceitar as pessoas, caso não estejamos acostumados a isso?
   B. Alguém discordaria das palavras de Max acima? Em que sentido elas podem ser meras palavras bonitas? Como podemos colocá-las em prática? O que você pode fazer *hoje*?

Lampejos de Luz

1. Leia João 9.1-7.
   A. Para Jesus, qual a causa da cegueira do homem (v. 3)? Por que isso pode soar cruel para alguns? Mas é mesmo cruel? Explique.

B. Como esse episódio demonstra que Jesus é a luz do mundo?

2. Leia Efésios 4.15, 25-32.
   A. O que significa "seguir a verdade em caridade"? Como colocar isso em prática?
   B. Como os versículos 25-32 ilustram o versículo 15?

3. Leia Mateus 7.1-5.
   A. Qual a ordem que Jesus nos dá no versículo 1? No versículo 2, qual o motivo para essa ordem?
   B. Como os versículos 3-5 ilustram a ordem de Jesus no versículo 1?

Capítulo 26 À Procura do Messias

Ecos do Trovão

1. "Suponha que Jesus venha à sua igreja. Não de forma simbólica. Fisicamente. Realmente."
   A. Tente imaginar a cena acima. Qual seria a aparência de Jesus? O que Jesus faria?
   B. Como você acha que sua igreja reagiria? Por quê?

2. "É fácil criticar os contemporâneos de Jesus por não crerem nEle. Mas quando você percebe como Ele veio, consegue compreender o ceticismo das pessoas."
   A. Que fatores na vinda de Jesus podem tornar compreensível, até desculpável, o ceticismo deles?
   B. Tente colocar-se em Israel, no primeiro século. Qual seria sua opinião a respeito de Jesus? Explique.

3. "Ainda achamos que conhecemos o telefone que Deus usa e o carro que Ele dirige. Ainda pensamos que sabemos como Ele é. Mas Ele costuma nos surpreender."
   A. O que Max quer dizer com as duas primeiras afirmações acima?
   B. Como Ele tem o surpreendido?

4. "Quando permitimos que Deus mesmo se defina, abre-se diante de nós um mundo inteiramente novo."

A. Como permitimos que Deus mesmo se defina?

B. Por que um mundo inteiramente novo abre-se diante de nós quando permitimos que Deus mesmo se defina?

5. "Bem, o curioso é que o velho homem viu a Jesus porque não sabia como Ele era. As pessoas do tempo de Jesus não o perceberam porque achavam que sabiam."
   A. Como podemos encontrar Jesus se não sabemos como Ele é?
   B. Que lições podemos aprender a partir do que Max escreveu acima?

Lampejos de Luz

1. Leia João 7.25-29.
   A. Que suposições as pessoas começaram a fazer no versículo 25? Por que mudaram de idéia no versículo 27?
   B. Como Jesus usa as perguntas delas para fazer declarações a respeito de si mesmo?
2. Leia Lucas 7.33-35.
   A. Qual a objeção do povo em relação a João Batista (v. 33)?
   B. Qual a objeção do povo em relação a Jesus (v. 34)?
   C. Qual a conclusão de Jesus (v. 35)?
3. Leia Mateus 25.34-45.
   A. Como essa passagem nos ensina que é possível estar em contato com Jesus hoje, e mesmo assim não o reconhecer?
   B. Como isso pode produzir conseqüências tanto boas como más?

Capítulo 27 Pedro, Eu e o Coiote

Ecos do Trovão

1. "Caímos como Coiote. Mas, diferentes de Coiote, vagueamos pelo precipício por um tempo. Aturdidos, machucados... e imaginando se existe algum jeito de sair do barranco."
   A. Por que tipos de precipícios você tem vagado? O que o puxou para fora?
   B. Em que aspectos você é parecido com Coiote? Em que aspectos vocês são diferentes?
2. "Quando caímos, podemos menosprezar o fato. Podemos negá-lo. Podemos distorcê-lo. Ou podemos lidar com o problema."
   A. Como podemos menosprezar nossas quedas? Como as negamos? Como as distorcemos?

B. Qual a melhor maneira de lidar com nossas quedas? Isso é fácil? Explique.

3. "Não podemos manter segredos diante de Deus. Confessar não é dizer a Deus o que fizemos. Ele já sabe. Confessar é simplesmente concordar com Deus, reconhecendo que nossos atos estavam errados."
   A. Você acha que essa é uma boa definição de confissão? Explique.
   B. Por que Deus faz questão que confessemos nossos pecados?
4. "Junte as lágrimas do pecador com a cruz do Salvador, e o resultado é uma escolta alegre que tira do abismo da culpa."
   A. Como as lágrimas do pecador e a cruz do Salvador se juntam para trazer alegria?
   B. Você conhece essa alegria de que fala Max? Explique.

Lampejos de Luz

1. Leia João 18.25-27.
   A. Que tipo de queda é aqui relatado?
   B. Essa queda podia ter sido evitada? Como?
2. Leia Lucas 22.61.
   A. Em sua opinião, como era o olhar que o Senhor deu a Pedro? Explique.
   B. Qual o efeito desse olhar sobre Pedro? Por que você acha que foi assim?
3. Leia 2 Coríntios 7.8-11.
   A. Que fez Paulo, segundo descreve o versículo 8? Como ele se sentia a esse respeito?
   B. Qual o resultado da ação de Paulo? Que sentimento isso lhe trouxe?
   C. Qual o princípio exposto no versículo 10?
   D. Como esse princípio é "encarnado" no versículo 11?

Capítulo 28 Pronto para Casa

Ecos do Trovão

1. "Às vezes, agimos como se a vida cristã fosse um cruzeiro de aposentados."

A. O que Max quer dizer com a afirmação acima?
B. Você já viu cristãos agindo de acordo com essa afirmação? Você já foi tentado a agir dessa forma? Explique.

2. "Quando vem o frio, pulamos para o gelo com garfos, jogos e roupas escassas e passamos nossos últimos dias andando contra o vento, muitas vezes culpando a Deus por nos meter em tal confusão."
   A. Que tempos de "frio" você teve na vida?
   B. Por que parece tão fácil culpar Deus por coisas que não são obras dEle?
3. "Por que a salvação de sua alma era tão urgente após o tiro e tão opcional antes? Por que havia postergado sua decisão de aceitar a Cristo até o leito de morte? Porque ele achava que tinha tempo."
   A. Com que freqüência você pensa que cometemos o mesmo erro do general? Por que cometemos esse erro?
   B. Dê alguns modos efetivos de demonstrar o perigo desse tipo de erro. O que você faria se estivesse trabalhando com alguém que também achasse que ainda tem tempo?
4. "Quais os suprimentos que você está carregando? Está carregando sua cota de prata e jogos? Não se engane; talvez aqui sejam importantes, mas não terão importância alguma quando você chegar à casa do Pai."
   A. Quais os suprimentos que você está carregando?
   B. Você é conhecido pelo Pai? Como é que você tem certeza disso?

Lampejos de Luz

1. Leia Salmos 27.7-14.
   A. Que pedidos faz o salmista nos versículos 7-9 e 11 e 12?
   B. Que expectativas ele tem no versículo 10?
   C. Que esperança ele tem no versículo 13?
   D. Que conselho ele dá no versículo 14?
2. Leia Tiago 1.13-16.
   A. Como alguns de nós somos tentados a reagir quando nos vemos em apuros (v. 13)?

B. Como Tiago responde a isso?
C. Qual o conselho que ele dá no versículo 16? Por que ele o coloca aqui?

3. Leia Tiago 4.13-16.
A. Por que é tolice fazer planos sem levar Deus em consideração?
B. Qual, então, deve ser nossa atitude?

Capítulo 29 O Povo da Caverna

Ecos do Trovão

1. "Os sons na caverna eram fúnebres, mas as pessoas não sabiam, porque não sabiam o que era alegria. O espírito na caverna era de morte, mas as pessoas não sabiam, porque não sabiam o que era vida."
A. Como é possível a uma pessoa não conhecer seu verdadeiro estado?
B. Que pessoas você conhece que não têm consciência de sua verdadeira condição?

2. "A luz sempre machuca antes de ajudar", respondeu ele. "Cheguem mais perto. O desconforto logo passa."
A. Por que a "luz" sempre machuca antes de ajudar? O que representa a luz nessa parábola?
B. Como a luz por fim ajuda? Qual a importância da dor? Explique.

3. " Leve isto para o seu povo. Fale para eles que a luz está aqui, e que ela é quente. Fale para eles que a luz é para todos que quiserem."
A. Qual o ponto central dessa passagem?
B. Qual a luz que você deve levar ao seu povo? Quem é o seu povo? Seu povo está vendo a luz em suas mãos? Explique.

Lampejos de Luz

1. Leia João 1.3-13.
A. Em que sentido Jesus é nossa luz?
B. Como os homens estão propensos a reagir a essa luz (v. 10-11)?

C. Que promessa é dada nos versículos 12-13?

2. Leia Romanos 1.13-17.
   A. Qual era o alvo de Paulo no versículo 13?
   B. Qual era a atitude de Paulo nos versículos 14-15?
   C. Qual era a confiança de Paulo nos versículos 16-17?

3. Leia 1 Coríntios 9.19-23.
   A. Qual era o compromisso de Paulo no versículo 19?
   B. Qual era o método de Paulo nos versículos 20-22?
   C. Qual era o alvo de Paulo no versículo 23?

Capítulo 30 Se Você ao Menos Soubesse

Ecos do Trovão

1. "Eu estava sendo bondoso. O pássaro achou que eu era cruel."
   A. O que o pássaro devia estar pensando?
   B. Em que somos muitas vezes como o pássaro quando Deus está tentando lidar conosco?

2. "Se ao menos pudéssemos aprender a confiar nele... Mas como é difícil."
   A. Por que, para muitos de nós, é difícil confiar em Deus?
   B. Como podemos aprender a confiar mais em Deus?

3. "Seu trovão ainda é gentil. E sua suavidade ainda troveja."
   A. Em que sentido o trovão de Deus é gentil?
   B. Em que sentido a suavidade de Deus troveja?

4. "O dom e o Doador. Se você os conhece, conhece tudo o que precisa."
   A. Qual o dom que Max menciona? Quem é o Doador? O que é crucial em ambos?
   B. Você conhece esse dom e esse Doador? Como você tem certeza disso?

Lampejos de Luz

1. Leia João 4.10-15, 23-26.
   A. Que tipo de água a mulher queria? Que tipo de água Jesus ofereceu?
   B. De acordo com o versículo 23, o que o Pai está procurando?

C. O que Jesus fala a respeito de si mesmo no versículo 26?

2. Leia Jeremias 29.11.
   A. Que tipo de planos o Senhor tem para nós?
   B. Como você se sente ao saber disso? Por quê?

3. Leia Salmos 9.10.
   A. Quem confiará no Senhor? O que ele quer dizer com isso?
   B. A quem o Senhor nunca desamparará? Isso inclui você? Por quê?